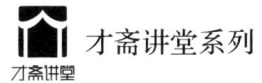 才斋讲堂系列

北大公开课

北大才斋讲堂精选 · 经济与管理

王 博 ◎主编

图书在版编目（CIP）数据

北大公开课：北大才斋讲堂精选. 经济与管理 / 王博主编. —— 北京：北京大学出版社，2024.9. —— (才斋讲堂系列). —— ISBN 978-7-301-35451-3

Ⅰ. Z427

中国国家版本馆CIP数据核字第2024S2L450号

书　　名	北大公开课：北大才斋讲堂精选·经济与管理
	BEIDA GONGKAIKE：BEIDA CAIZHAI JIANGTANG JINGXUAN·JINGJI YU GUANLI
著作责任者	王　博　主编
责任编辑	温丹丹　李　晨
标准书号	ISBN 978-7-301-35451-3
出版发行	北京大学出版社
地　　址	北京市海淀区成府路205号　100871
网　　址	http://www.pup.cn　新浪微博：@北京大学出版社
电子邮箱	编辑部 zyjy@pup.cn　总编室 zpup@pup.cn
电　　话	邮购部 010-62752015　发行部 010-62750672　编辑部 010-62704142
印 刷 者	北京九天鸿程印刷有限责任公司
经 销 者	新华书店
	720毫米×1020毫米　16开本　16.75印张　220千字
	2024年9月第1版　2024年9月第1次印刷
定　　价	85.00元

未经许可，不得以任何方式复制或抄袭本书之部分或全部内容。

版权所有，侵权必究

举报电话：010-62752024　电子邮箱：fd@pup.cn

图书如有印装质量问题，请与出版部联系，电话：010-62756370

编 委 会

编委会主任：郝 平　龚旗煌
编委会副主任：王 博　陈 鹏
编委会委员：姜国华　王天兵　杨立华　徐 明
　　　　　　肖云峰　夏红卫　马建钧　汲传波
　　　　　　任羽中　陈建龙　胡晓阳　何 峰
　　　　　　蔡 晖　向 妮　陈秋媛　瞿毅臻
　　　　　　崔 爽

主　　　编：王 博
副　主　编：陈 鹏
执 行 主 编：瞿毅臻
参 编 人 员：常 铖　李 爽　董 新　刘 柯
　　　　　　陆爱红　钱 岷

丛书总序

创新决胜未来。党的十八大以来，以习近平同志为核心的党中央把创新摆在国家发展全局的核心位置，提出一系列新思想、新论断、新要求，为我们做好创新教育提供了根本遵循和科学指引。党的二十大报告首次将教育、科技、人才进行统筹部署、整体谋划，凸显了教育、科技、人才在现代化建设全局中的战略定位，进一步彰显了党中央对于教育、科技、人才的高度重视。当前，随着新一轮科技革命与产业变革的深入发展，科技创新已经成为国际战略博弈的关键领域，越来越多重大原创性科研成果的产生、新知识的创造及科学前沿的重大突破，大多是学科交叉融合的结果，这也对高校人才培养提出了新的要求。作为多学科交叉融合的重要阵地，高水平研究型大学要主动瞄准国家需求，勇担培养创新型复合型拔尖人才的重要使命。

近年来，北京大学不断深化研究生教育改革，坚持以高质量发展为主线，强化研究生培养全过程管理，集中全校优势资源构建了系统性、全方位的研究生综合培养体系。其中，课程教学改革成效显著，特别是面向全校研究生开设的"才斋讲堂"通选课。它打破了以往教学体系中以学科为基本单元的格局，以跨学科、通识性为主要特色，着力培养研究生的科学精神和人文素养，在跨学科教学模式创新、研究生课程育人和交叉学科创新人才培养的探索和实践中发挥了重要作用。

北大公开课：北大才斋讲堂精选·经济与管理

"才斋讲堂"自 2010 年秋季开课以来，先后邀请 260 余名全校各专业的教师走上讲台，既有人文社科领域的学界泰斗、知名学者，也有理工医领域的"两院"院士、杰出科学家，他们结合学科的前沿进展与自身研究经历，向研究生们分享研究成果、方法和心得，让不同学科的精髓与魅力在"才斋讲堂"呈现、碰撞与交融。十余年来，"才斋讲堂"课程聚焦于"跨学科、融思政、聚热点、铸成果"四个方面并持续发力，切实推动研究生学术视野的拓展和综合素养的提升，在拔尖创新人才培养方面发挥了重要作用，已经成为北大研究生教育的一张闪亮的名片。同时，其建设理念也产生了积极的示范引领作用和辐射带动效应，一大批院系开设了类似的课程，形成了覆盖全校的课程群，为研究生多领域、跨学科课程体系建设打下了坚实基础。

为更好地将北大探索跨学科拔尖创新人才培养模式的成果呈现给全校师生、教育战线同仁及各行各业读者，北大研究生院与北大出版社合作，出版"才斋讲堂系列"丛书。

我们期望这套记录北大学人、讲述北大学术的丛书不仅能让广大青年学子丰富学识、增长见识，还能展先生之风采，赏先生之学识，感先生之态度，悟先生之智慧。在此，也祝愿北大"才斋讲堂"越办越好，与大师同行，助学子成长，促学术繁荣，兴北大发展。

龚旗煌

北京大学校长

目　　录

第一讲　数字技术如何改变金融 / 黄益平 001

近年来，数字技术与金融业务的不断融合不但催生了新兴的数字金融业态，提升了金融服务效率，也对中国的金融机构和金融市场体系产生了深刻的影响。金融服务的不断完善加快了经济发展的步伐，使规模经济与劳动分工成为可能。在本讲中，黄益平教授认为，信息不对称及由此造成的逆向选择问题和道德风险问题是人们在金融交易的过程中所要面对的挑战。黄益平教授指出，数字技术不会改变金融的本质，但可能改变金融体系的运行机制与特征；从目前的情况来看，数字技术的最大贡献可能是帮助各类企业和人群降低了信息不对称的程度，尤其是那些传统金融机构难以触及、难以服务的中小微企业和低收入人群。

第二讲　中国经济未来二十年 / 海　闻 029

中国经济的发展吸引着全世界的目光。面对错综复杂的国内外经济环境，中国经济未来将朝着什么样的方向发展？中国经济面临的挑战有哪些？中国经济未来的改革方向是什么？在这一讲中，海闻教授对中国经济未来 20 年的发展进行了分析和展望，并带领大家了解了中国当前的经济状况、中国未来经济增长的主要动力和中国经济面临的主要挑战。海闻教授认为，未来 20 年对中国经济的发展至关重要，中国的经济正处于起飞阶段；中国经济想要腾飞，深化改革是必经之路。

第三讲　战略家的战略思维：未来及对未来的管理 / 张国有 057

人们会在很多领域用到"战略"一词。战略是面向未来的，而未来是不确定的。为了能够更好地把握未来，我们必须在当下对未来进行预测，并根据预测结果作出判断、制定战略。制定战略是战略家管理未来的一种方式，人们在制定战略的过程中需要考虑趋势、技术、规则、习惯等一系列因素。战略的制定对企业的持续发展和国家的持续发展都有着十分重要的意义。在本讲中，张国有教授从战争的本源出发，通过"视界—火炮"之说和"地图—关系"之说，带领大家认识和理解什么是战略，并带领大家思考如何用战略思维分析问题。

第四讲　中国经济新常态下的风险探源 / 孙祁祥 093

经济是影响一个国家综合国力、民生和国际地位的重要因素。中国经济的新常态是什么？中国经济在新常态的背景下面临哪些风险？在本讲中，孙祁祥教授从新常态的释义出发，在风险探源的基础上阐释了风险分析的重要性，并从现实世界出发，对中国经济社会的风险现状和趋势进行了分析。孙祁祥教授认为，中国社会所面临的风险具有综合性、交叉性和动态性，因此，中国要尽快建立起一套国家宏观综合风险管理体系和风险预警管理系统，对中国经济社会中的各项因素进行风险监控，从而降低风险发生的概率。

第五讲　经济学研究在中国的发展 / 蔡洪滨 119

在中国经济发展的新阶段，经济学研究变得日益重要起来。重要经济问题的解决需要研究者进行严谨、细致、深入的经济学分析。在不同的经济体制下，经济学研究有着不同的主题和特色。中国的经济实践需要高质量的经济理论对其加以解释和概括，与此同时，经济实践也为经济学研究提供了不竭的动力和源泉。在本讲中，蔡洪滨教授从经济学研究的重要性、在中国开展经济学研究的有利条件和在中国开展经济学研究的方法要点这三个方面，带领大家了解经济学研究在中国的发展。蔡洪滨教授认为，理解中国特殊的制度环境和社会文化环境是做好中国经济学研究的必要条件。

第六讲　企业运行的环境与战略 / 张志学 145

外部环境的变化要求企业及企业领导者与时俱进。在这一讲中，张志学教授带领大家剖析了中国经济和社会环境在过去展现出的阶段性特征，分析了三类企业领导者所面临的主要挑战、采取的经营策略以及他们走向成功的关键，以便我们思考中国企业领导力的变化规律，更好地洞悉未来中国企业和领导力的发展方向。张志学教授认为，在日益加剧的国内和国际市场竞争中，企业领导者应当充分发挥中国式的企业家精神，通过提升企业的组织能力驱动企业不断创新，这也是中国企业走向成功的关键所在。

第七讲　从西潮到东风 / 林毅夫 175

2008 年，国际金融危机爆发，这场危机的爆发标志着全球经济进入了一个新的时代，它对全球经济的发展产生了深远的影响。在本讲中，林毅夫教授从自己在世界银行做首席经济学家的经历出发，对 2008 年国际金融危机的原因进行了分析。在学界，相当多的人认为国际金融危机的爆发主要与中国的国际收支不平衡有关，而林毅夫教授认为此次危机主要与 20 世纪 80 年代以后美国开始推行金融自由化和 2001 年互联网泡沫破灭后美联储的货币应对政策失误有关。各国如何应对这场国际金融危机？林毅夫教授认为，短期的援助只是止痛药，并不能从根本上解决问题，各国可以通过实行超越凯恩斯主义的复苏计划来应对此次危机。

第八讲　如何看待中国的公平问题 / 姚　洋 209

中国收入分配差距扩大的原因何在？如何调节收入分配？本讲从多个角度探讨中国收入分配差距不断扩大的原因及调节收入分配的方式。姚洋教授认为，中国社会在收入、权力和教育机会等方面存在不平等的现象。这些现象的产生既有制度层面的原因，也有经济层面和社会层面的原因。姚洋教授指出，中国收入分配改革应聚焦于税率的调整；政府应降低个人所得税的税率，增加教育方面的投入，并缩小城乡在教育方面的差距。

第九讲　中等收入陷阱及其克服 / 刘　伟 229

于我国经济发展而言，21世纪是一个机遇和挑战并存的时代。挑战是什么？刘伟教授认为，中等收入陷阱就是我们国家需要面对的一项挑战。世界银行在《东亚经济发展报告（2006）》中首次提出了"中等收入陷阱"这一概念，它用于指代国家经济长期停滞于中等收入阶段的现象。在本讲中，刘伟教授详细阐述了中等收入陷阱发生的由来及产生原因。他认为，内需不足、发展方式转变迟缓、社会制度创新滞后是造成中等收入陷阱的三大原因。刘伟教授还对中国目前面临的由中等收入陷阱带来的困扰进行了分析，并提出了克服中等收入陷阱的关键措施。

第一讲

数字技术如何改变金融

黄益平

作者简介

　　黄益平，北京大学国家发展研究院院长、北京大学数字金融研究中心主任。研究领域为宏观经济、金融政策与数字金融。1987年7月—1990年2月，任国务院农村发展研究中心发展研究所助理研究员。1996年9月—12月，任北京大学中国经济研究中心访问学者。1998年8月—1999年7月，任美国哥伦比亚大学商学院General Mills国际访问教授。1994年4月—2000年4月，任澳大利亚国立大学亚太研究院经济学研究员、高级讲师、中国经济项目主任。2000年5月—2009年2月，任花旗集团董事总经理、大中华区首席经济学家、亚太区首席经济学家。代表作品有《应用数量经济学》《超越奇迹：变革世界的中国改革》《中国金融开放的下半场》《读懂中国金融：金融改革的经济学分析》《数字金融革命：中国经验及启示》等。2023年被评选为"中国金融科技十大年度人物"。

内容简介

近年来，数字技术与金融业务的不断融合不但催生了新兴的数字金融业态，提升了金融服务效率，也对中国的金融机构和金融市场体系产生了深刻的影响。金融服务的不断完善加快了经济发展的步伐，使规模经济与劳动分工成为可能。在本讲中，黄益平教授认为，信息不对称及由此造成的逆向选择问题和道德风险问题是人们在金融交易的过程中所要面对的挑战。黄益平教授指出，数字技术不会改变金融的本质，但可能改变金融体系的运行机制与特征；从目前的情况来看，数字技术的最大贡献可能是帮助各类企业和人群降低了信息不对称的程度，尤其是那些传统金融机构难以触及、难以服务的中小微企业和低收入人群。

视 频 节 选

第一讲　数字技术如何改变金融

今天我想与大家聊一聊"数字技术如何改变金融"这个话题。大家应该都听说过互联网金融，也应该知道P2P和支付宝，它们都是数字技术在金融领域的产物。数字技术是第四次工业革命的重要成果，数字技术的出现对金融活动的开展及金融体系的运行产生了深远的影响。在这个不断变革的时代，有许多有趣的现象和问题值得我们深入探讨。今天我们一起来了解一下这一领域的最新动态和研究成果。各位同学来自不同的专业，但大家如果对数字金融感兴趣，就可以从不同的专业角度来分析这一最新的金融创新成果。

金融与每个人的日常生活息息相关，从支付宝、微信支付到个人的银行账户，再到各种投资行为，金融是无处不在的，它也为人们提供了多种财富增值和资金管理的途径。金融的主要功能是资金的融通。在一个社会或市场中，有的人缺少资金，有的人有剩余的资金；如果能够实现资金的融通，双方就能达成共赢。举个例子，一个人如果通过创业或项目投资获得了回报，就可以和资金出借方共享投资回报，所以从理论上说，资金的融通对大家都有好处。

金融交易往往涉及三个重要的转换过程——规模的转换、期限的转换和风险的转换。

规模的转换是我们比较容易理解的。举个例子，假设教室里有30位同学，每个人都有500元，如果某位同学希望将这笔资金用于投资或创业，这可能是不太现实的，因为500元可能不足以支持小规模的创业活动；但我们如果能将所有人的钱集中起来，就有了1.5万元的创业启动资金，我们就可以借助这笔资金启动一个创业项目了。这就是规模的转换，将小额资金聚集起来就可以支持规模较大的创业活动或项目。

期限的转换与规模的转换类似。许多人会将资金存入银行，存款期限却各不相同。有的存款属于活期存款，人们可以随时支取；有的存款属于定期存款，存款期限可能是6个月或1年。企业对资金的需求往往是长期的，这就需要通过金融系统来进行期限的转换。个人存款的存款期限可能较短，但银行能够将这些短期资金集中起来，支持那些期限较长的项目。只要资金池足够大，即使有人取钱，也不会影响银行对企业的长期性项目的支持。当然，一旦出现取钱的人比存钱的人多的现象，银行就可能在资金运转上出现问题。

还有一种转换是风险的转换。一般来说，存款人不愿意承担过高的风险，他们希望自己的资金是安全的，期望自己未来能够顺利地取出这些资金。然而，银行在开展贷款业务时往往会面临一定的风险，风险的高低取决于银行的风险识别能力。作为金融机构，银行承担着一定的风险，但只要回报率足够高，即使有一定比例的贷款人出现了违约的情况，银行仍然可以通过开展其他贷款业务收回资金，并确保能够按时返还存款人的存款。

一般而言，我们可以将融资模式划分为间接融资和直接融资。间接融资是指个人或企业通过存款、信托、保险等形式将其暂时闲置的资金先行提供给银行等金融机构，金融机构会以贷款等形式将资金提供给需要资金的个人或企业，从而实现资金的融通。在这一过程中，金融机构在借贷双方之间扮演着风险识别者和风险承担者的角色，这使两者之间的直接风险关联被切断。即使个别贷款人出现了违约的情况,特定存款人的收益也不会受到影响。直接融资是投资者直接与资金需求者进行对接的融资模式。在这种融资模式下,投资者会直接购买股票或债券等金融产品,从而为企业提供所需资金。此时,投资者需要自行承担投资风险。与间接融资不同,直接融资没有金融机构的介入。尽管投资顾问或基金经理会在直接融资的过程中为投资者提供投资建议,但投资完成后,投资者便与资金需求者建立了直接的联系(如债权关系或股东关系)。从理论上讲,只要一个人购买了某家企业的股票,他就是该企业的股东,只是个人所持股份的比例可能比较小,因此通常不具有实际话语权。总而言之,投资者如果选择直接融资,就需要直接承担企业的经营风险;企业一旦倒闭,投资者的投资资金就会受到损失。

金融是一种非常重要的经济创新,它被认为是人类经济史上最伟大的发明之一。它为经济活动中的规模经济和劳动分工提供了有力的支持,使得交换方式变得更加便捷。英国著名经济学家、诺贝尔经济学奖获得者约翰·希克斯曾经提出过一个很著名的论断——工业革命不得不等待金融革命。他指出,在工业革命初期,虽然蒸汽机等关键技术已经较为成熟,但这些技术无法被转化为生产力。想要将技术转化为生产力,就需要有投资者投入大量的资金,使新技术在纺织、铁路和航运等核心产业得到应用。在这个过程中,金融系统发挥了巨大且不可替代的作用。正是由于金融的支持和推动,蒸汽机才得以被广泛应用,现代工业才得以蓬勃发展。因此,如果没有金融革命的助力,即便蒸汽机早已问世,工业革命的进程也会被大大延缓。我觉得同学们应该多花一些时间去学习理工科。如果有同学想学习金融学或经济学,我觉得也不错。对于中国经济的发展而言,金融和技术缺一不可。

金融在现代经济中的确发挥着不可或缺的作用，它为技术的进步和现代经济的发展提供了强大的支撑。如果没有金融的支持，很多领域的发展都会受到限制。当然，金融领域也存在着一些问题。1997年，亚洲金融危机爆发，一些国家的资产大幅缩水，经济遭受重创。2008年，国际金融危机再次袭来，几乎所有国家都受到了严重的冲击，美国次贷危机是这场危机的导火索。由此可见，虽然金融对经济发展具有推动作用，但金融也可能给各个国家带来巨大的风险。

金融市场所存在的最主要的问题是信息不对称。我们可以通过一个例子来理解这个问题。以信贷交易为例。信贷交易通常涉及借款方和贷款方。借款方需要资金，而贷款方愿意提供资金，因为贷款方可以从中获取一定的回报。在交易过程中，双方是否足够了解彼此就显得尤为重要。如果存在信息不对称的状况，即一方对另一方了解不足，信息不足的一方就需要承担金融风险。在金融交易中，一方如果对另一方不够了解，就会出现逆向选择的情况，也就是无法找到最合适的交易对手。一般来说，人们都喜欢高回报，但实际上，那些承诺给予更高回报的借款方往往会给贷款方带来更大的风险。一些项目的投资风险较高，为了吸引投资者，借款方会承诺给予投资者更高的回报。金融学中有一个被称为"柠檬市场"的理论。这一理论认为，在信息不对称的市场，与买方相比，卖方往往掌握了更多的有关产品质量的信息。以二手车市场为例，由于消费者难以准确判断车的质量，因此他们往往会选择购买价格相对便宜的车。如果两辆车看起来相似，但价格不同，大多数消费者会选择较便宜的那一辆，这就会导致优质卖家逐渐退出市场。因此，在信息不对称的情况下，好的产品往往会被淘汰，而劣等品会逐渐占领市场并取代好的产品。

在金融交易中，人们如果对交易对手不够了解，还需要承担一定的道德风险。一些借款方在获得资金后不按照承诺返还资金，从而导致贷款方资金受损。在金融领域，预测借款方的还款能力和还款意愿是非常重要的。还款能力是指借款方是否有足够的资源和能力去完成项目并获得回报。如果借款方在过去有过多次失败的经历，贷款方会认为其还款能力不足，不愿为其提供贷款。然而，一些借款方虽然有能力完成项目，但没有还款意愿，这也会使贷款方面临资金受损的风险。在过去几年中，P2P平台经常出现催款困难的情况。如果违约事件严重到一定程度，金融危机就会爆发。

金融体系存在着众多的银行和监管机构，它们的主要任务之一就是解决信息不对称的问题。银行在金融交易中扮演着非常重要的角色，它的责任之一是帮助每一个存款人解决信息不对称的问题。存款人可能没有足够的能力和资源去深入了解借款企业，评估其信用状况和还款能力；而银行拥有专业的团队和资源，能够更好地对借款企业进行筛选和评估，帮助存款人降低信息不对称所带来的风险。除此之外，还有许多机构也在努力解决信息不对称的问题。例如，评级机构会通过发布报告等方式向投资者提供有关产品和企业信用状况的信息，帮助投资者作出明智的选择。另外，监管机构也会要求借款企业提供真实的信息，从而保证市场上的相关信息准确且透明。

信息不对称会使市场参与者的情绪和预期发生变化，并使市场参与者的行为发生变化，这些变化最终会影响整个市场的运行。1907年，美国银行危机爆发。当时，有一个小企业主去银行取钱，银行职员告诉他当天银行没有现金了，让他第二天再来取。回家后，小企业主告诉了朋友们这个消息。一传十，十传百，大家都开始担心自己存在银行里的钱是否安全。在这种情况下，即使大部分存款人认为银行的经营状况良好，大家仍会选择将存款取出。同样地，如果有一大批存款人去银行排队取钱，这家银行即使经营状况良好，也会因为无法应对这种大规模的取款行为而面临困境。这就是信息不对称所导致的不确定性和恐慌对人们的行为产生的影响。其实大家都比较了解银行的运作方式。银行在吸收存款后会发放贷款，并保留一部分资金，这部分资金属于流动性储备。在正常情况下，如果有存款人取款，银行可以轻松应对；但是，如果取款金额超过了银行的流动性储备，银行就无法满足存款人的取款需求了。关键的问题在于，虽然银行的资产负债表可能没有问题，但由于信息的不对称，存款人无法准确了解银行的真实状况。这种不确定性导致了人们的担忧和恐慌，进而引发了挤兑行为。一旦大量存款人同时取款，银行的运转就会受到严重的影响。如果这家银行倒闭了，其他银行的存款人也会出现恐慌情绪，进而也去银行取款。这种恐慌情绪会在整个金融体系蔓延。

美国金融家J.P.摩根是美国金融界的领袖。他深知，如果美国金融市场继续保持这种无序的状态，整个行业都将面临巨大的灾难。为了控制风险，J.P.摩根召集华尔街的相关人士共同商讨对策。他们希望通过共同出资的方式应对可能出现的挤兑风险。当存款人纷纷到银行取款时，他们会提供足够的资金来满足存款人的取款需求，确保每位存款人都能顺利地取回自己的存款，其他存款人看到银行在正常运营，便会停止取款行为。然而，美国国会认为不能在每次出现挤兑现象时都依赖私人企业家解决危机。相关人士在商议后决定建立一个公共机构，以维护金融市场的稳定，这就是美联储的诞生背景。美联储的任务之一就是在银行受到挤兑时帮助其渡过难关。浙江曾有一家信用社经历了挤兑潮，在最后关头，地方政府和中国人民银行果断地采取了措施，为信用社提供了大量的资金，确保每位存款人都能自由取款。这一举措向公众传递了一个明确的信息——信用社的资金是充足的，于是存款人的恐慌情绪就消失了，大家也就不再集中取款了。恐慌情绪对金融体系有极大的破坏力，在一些情况下，这种恐慌情绪的出现是没有缘由的。

中国历来实行的是银本位制，白银曾是我国的主要货币；而多数西方国家采用的是复本位制，即将黄金和白银同时作为货币。1867年，国际货币会议在法国巴黎举行，召开这次会议的主要目的是推动各国实行单一的金本位制。这次会议举办得很成功，自1867年起，许多西方国家纷纷采用金本位制，甚至日本等亚洲国家也在1900年之前完成了向金本位制的转变，而当时的中国仍在实行银本位制。这一转变在短期内给中国带来了一定的好处，因为各国对白银的需求量减少，这就导致大量白银流入中国。从货币政策的角度来看，宽松的货币政策和货币的贬值触发了货币政策的刺激效应。这些外部因素被动地增加了货币的流动性，进而使当时的中国经济异常活跃。在长江中下游地区，丝绸、茶叶、瓷器等行业都呈现出蓬勃发展的态势。

1929年，一场始于美国的经济危机爆发了，许多国家被卷入其中，而中国经济最初并未受到太大的冲击。这是因为许多国家在实行金本位制后黄金储备不足，从而出现了严重的通货紧缩，通货紧缩极大地打击了投资者的信心。当时的中国最后还是没有逃过经济衰退的命运。1934年，美国国会通过了《白银法案》，该法案的颁布旨在保护美国白银生产者的利益，提高白银的收购价格。这一举措导致白银从中国流向美国，使白银的价格上涨。1934—1935年，中国的经济出现了负增长，为了应对这一局面，中国开始实行法币政策。在第二次世界大战爆发之前，中国的金融活动实际上是相当活跃的，而第二次世界大战和解放战争的爆发使我国的金融活动逐渐减少。1949年以后，我国的金融体系主要涉及中国香港和中国内地两个部分，中国内地的大部分金融机构被国有化。1956年，我国基本完成了社会主义改造。在计划经济体制下，资金由中央统一调配，金融机构的发展受到了一定的限制。

在改革开放初期，我国的主要金融机构是中国人民银行，这反映了我国在改革开放之前对资金融通的需求较少。1978年，党的十一届三中全会召开后，党和国家把工作重心转移到了经济建设上。后来，中国农业银行、中国建设银行、中国银行等银行走上了独立发展的道路。经过40多年的金融改革，中国的金融体系发生了巨大的变化。从目前来看，与国际金融体系相比，我国的金融体系有四个较为突出的特征。

第一，规模庞大。不论是从总体资产规模来看，还是从货币供应量来看，我国的金融体系都是规模庞大的。从全球银行排名来看，我国四大银行的排名也是很靠前的。虽然常有人认为国内资本市场尚不发达，但从市值的角度来看，中国的股票市场和债券市场在全球排名中都居于前三位。

第二，受管制较多。政府对金融体系的干预是一种比较普遍的现象。美国经济学家罗纳德·麦金农是研究发展中国家金融改革和金融自由化问题的权威专家，他曾提出"金融抑制"这一概念。这一概念主要是指政府通过各种形式对利率、汇率、资金配置、大型金融机构和跨境资本流动的干预。我们可以利用这一概念和世界银行的相关数据构建一组金融抑制指数，金融抑制指数在0和1之间。指数为1意味着该国的金融完全由政府控制，该国未实行市场化；而指数为0则意味着该国完全实现了市场化。研究表明，2015年我国的金融抑制指数为0.6，在100多个国家中居于第十四位。由此可见，我国政府对金融体系的干预程度是比较高的。

第三，监管体系相对薄弱。我国的监管体系在风险识别和处置方面还有待完善。我国的金融体系对政府有较强的依赖性，金融体系一旦出现问题，政府就会出手相助。一般来说，如果银行的不良贷款率接近10%，银行就可能被挤兑。1997年，亚洲金融危机爆发，当时我国银行的不良贷款率超过了30%，但银行被挤兑的现象并没有出现，因为大家觉得只要政府出手干预，就不会存在太大的问题。从某种意义上说，政府的兜底使储户和投资者对我国的金融体系抱有信心。现在的问题是，我国金融体系越来越复杂，其规模越来越大，如果政府还依靠过去的做法来支撑银行的发展，金融市场会面临较大的风险。目前，我国的金融监管部门也在不断提高监管效能，其主要任务是守住不发生系统性金融风险的底线。

第四，金融体系以银行为主导。如上所述，我们可以将融资模式分为间接融资和直接融资。间接融资在我国的金融体系中占据主导地位，银行在金融体系中发挥着较强的主导作用。

对于我国金融体系的以上几种特征，学界存在不少批评的声音。有的学者认为，如果政府干预过多且监管手段不够有效，未来我国的金融体系可能会出现一些问题。我们曾开展过一些实证研究，研究探讨的是金融抑制或政府意志性金融政策对经济增长的影响。研究的基本结论是：在改革前期，对金融体系的干预会对经济增长起到积极作用；在改革后期，这种积极影响会逐渐转变为负面影响。为什么会出现这样的变化呢？有学者认为，政府干预过多会降低效率、遏制发展，从而对经济增长产生不利影响。这一观点与罗纳德·麦金农教授提出的"金融抑制"

这一概念是相呼应的。然而，美国哥伦比亚大学教授、诺贝尔经济学奖获得者约瑟夫·斯蒂格利茨提出了不同看法。他认为，发展中国家过度开放市场可能对本国的金融稳定产生不利影响。如果金融稳定无法得到保障，金融危机频繁发生，则不利于经济的增长。因此，金融政策的制定者需要充分考虑各种因素，确保金融稳定与经济增长之间的平衡。我个人认为，虽然政府的干预可能会对金融体系的运行效率产生一定的影响，但在早期阶段，我国的银行在将储蓄转化为投资方面展现出了极高的效率，因此，政府干预的实际效果是积极的，这一点是值得被肯定的。1997年，亚洲金融危机爆发，但我国政府的干预维护了我国金融市场的稳定。现在我们所要面对的问题是，金融市场如何继续保持稳定。政府之前采用的这套政策是非常有效的，但随着时间的推移和经济环境的变化，我们会面临一些新的挑战。

当前的金融体系的确存在一些问题，其中有两个问题最常被人们提及。第一个问题是金融对实体经济的支持力度不足，未能强有力地推动经济增长。国务院常务会议经常提到中小企业融资难的问题。除此之外，老百姓投资难的问题也不应被忽视。他们有大量的储蓄，却缺乏理想的投资渠道。如果这种情况持续下去，就会导致金融体系运行效率低下。第二个问题是系统性金融风险不断上升。从2015年至今，几乎所有人们能想到的领域都出现过金融风险。起初是股市回调，随后是外汇市场波动，接着是债券市场出现大量违约的情况。与此同时，影子银行理财产品的投资风险增加，地方融资平台负债过重，互联网金融领域也出现了一系列问题。2019年，一大批中小银行面临困境。2020年，所有的P2P在线贷款平台退出市场。2021年，我原本以为金融风险会出现在其他领域，但出乎意料的是，一大批房地产开发商开始出现违约的情况。总之，我们可以看到金融风险似乎存在于不同的领域，我们不知道下一个风险会在哪个领域出现，这是值得我们担忧的。如果危机在爆发后能够被成功化解，这是个好消息，但我们不能保证有能力应对每一次危机。如果风险未能被成功化解，每一个生活在当下的人都会受到巨大的冲击。如果系统性的金融危机在一个国家爆发了，那么这个国家的经济将在未来相当长的一段时间内受到影响。

在过去的三四十年，这套金融体系一直在支持各类经济活动，而且没有出现太大的问题，但这套金融体系目前似乎出现了问题。这是为什么呢？北京大学国家发展研究院与美国布鲁金斯学会联合开展了一项研究，并发表了一份名为《中国2049：走向世界经济强国》的报告。这项研究旨在探讨在实现了第一个百年奋斗目标后，中国在迈向第二个百年奋斗目标的过程中可能面临的问题，比如人口老龄化、全球化逆转等。其中的一个重要问题是我国的经济增长模式发生了转变。过去我国的经济增长是低成本的、粗放式的，属于要素投入型增长；现在我国经济增长的驱动力发生了转变，要素投入型增长转变为创新驱动型增长，而创新驱动型增长与传统的金融体系之间可能存在不匹配的问题。在过去的增长模式中，产品、生产、技术和营销等方面的不确定性相对较低，产品的市场需求和生产技术都相对稳定。因此，只要企业能够有效地组织生产、降低成本，它们所面临的风险通常较小。在这种情况下，银行在发放贷款时也能够相对准确地评估企业的运营风险，从而保证信贷环境相对稳定。当前，中国企业需要生产出技术含量更高、质量更好的产品。在国外企业有能力生产同类产品的情况下，中国企业生产出来的产品的品质是否能够得到保证？中国企业是否具有出色的技术研发能力？中国企业家是否具有出色的经营管理能力？这些都是我们确定不了的。

在金融领域，充分地了解对方是非常重要的。一般来说，如果有人向我们借钱，我们要预测对方的还款意愿和还款能力。我们通常可以通过观察一个人的性格来判断其还款意愿，但这种判断方式也不一定准确。如果我们借给对方500元，他可能会及时还款。如果我们借给对方500万元，他能否按时偿还这笔钱呢？个人或企业的还款能力会随着经济模式的转变而发生改变。比如，一位宁波老板之前是做服装生意的，他的服装生意一直做得不错，但现在他准备将企业的发展方向转为高科技产业，准备研发并生产芯片。可能连老板本人都不知道他的企业未来会发展得怎么样。随着市场环境和经济模式的转变，人们对金融体系的要求也有所提高。过去传统的以政府干预和粗放经营为主的金融体系可能已无法满足个人和企业当前的需要了。

2022年，我和王勋博士出版了一本名为《读懂中国金融：金融改革的经济学分析》的专著，这本书探讨了当前中国金融体系面临的挑战。在经济增长模式发生转变的背景下，我国的金融体系也需要有所调整，我认为鼓励创新是关键。支持民营企业和中小企业的发展是鼓励创新的重要一环。在过去，尽管相关部门一直在努力解决中小企业融资难、融资贵的问题，但效果并不理想。政府非常重视中小企业融资难、融资贵的问题，并一直在采取积极的措施。随着时间的推移，民营经济在整体经济中发挥着越来越重要的作用，这也解释了为什么融资难的问题在过去不那么突出，因为过去民营企业对融资的需求相对较少。随着民营经济的快速发展，民营企业对融资的需求也在不断增加，融资难的问题也重新浮出了水面。

一些同学可能听说过"56789"这个说法。改革开放40多年来，民营经济贡献了50%以上的税收、60%以上的国内生产总值、70%以上的技术创新成果、80％以上的城镇劳动就业、90％以上的企业数量。由此可见，民营经济已经成为推动我国经济发展的重要力量，成为创业就业的主要领域、技术创新的重要主体、国家税收的重要来源，其在社会主义市场经济发展、政府职能转变、农村富余劳动力转移、国际市场开拓等方面发挥着重要的作用。当中国的经济增长模式转变为创新驱动型增长模式时，为中小企业和民营企业提供金融服务就变得至关重要。这不再是一个简单的普惠问题或公平问题，而是关乎中国经济能否持续增长的问题，其重要性不言而喻。

从金融体系的角度来看，大多数人认为，资本市场在支持创新方面的能力已经超越了间接融资。举个简单的例子，银行如果想支持创新，就会给企业发放一笔贷款；但对于初创企业来说，它们可能并不想向银行贷款，因为贷款是需要它们来偿还的。如果企业接受了贷款，它们每个月都不得不面对催款和利息带来的压力。在初创阶段，创业者需要将产品研发出来并投入生产，然后才能获得利润，这是一个漫长的过程。相比之下，股权投资可以为初创企业提供更为直接的资金支持，比如投资者可以给企业提供100万元的投资款，支持创业者创业。创业者不需要立即偿还这笔资金，他们可以在公司顺利运转后再考虑回报问题。在这期间，投资者还可以为创业者提供各方面的帮助和支持。投资者可以向创业者分享其他企业的成功经验、开拓市场的策略等，这种支持对企业的发展至关重要。当然，投资者并不会毫无目的地投入资金，他们可以获得企业的股权；如果企业运转情况良好，他们就可以获得收益。但我认为资本市场不是说发展就能发展起来的，在未来，银行可能仍是主要的融资渠道。这就意味着银行必须进行自我革新，调整自身的业务模式。

除了资本市场的支持，数字金融也在支持经济增长方面发挥着重要的作用。数字金融革命正深刻地影响着我们的生活，这场数字金融革命始于支付宝的诞生，支付宝的出现解决了人们在交易中遇到的支付问题。我们都知道，淘宝是一个互联网交易平台，对于淘宝来说，如何使交易双方彼此信任是其要解决的关键问题。当我们在网上购买商品时，是先付款、后收货，还是先收货、再付款？随着时间的推移，支付宝应运而生，支付宝的出现为这一问题提供了解决方案。

2007年，拍拍贷作为中国第一家P2P网贷平台正式上线。2009年，支付宝推出了独立移动支付客户端，现在我们在手机上经常使用的就是移动版的支付宝。2010年，支付宝开始涉足信贷领域。起初，其业务模式较为传统，但到了2015年左右，其业务模式开始向大科技信贷转变。这一创新为消费者和企业提供了更为高效、便捷的金融服务。2013年，余额宝正式在支付宝上线；同年，微信支付也进入了市场。2014年春节期间，通过微信线上发红包成为一种新的社交模式，微信红包的出现极大地提高了微信支付的普及程度。

2014年，微众银行作为国内首家互联网银行正式成立，这是腾讯进行的一次创新尝试。2015年，蚂蚁集团发起设立的网商银行正式上线。2018年，百行征信作为国内首家持牌的市场化个人征信机构宣告成立，拉开了我国征信体系进一步走向成熟的序幕。同年，蚂蚁集团推出了一款名为"相互保"的大病互助产品，该产品通过支付宝上线，但该产品最后退出了市场。2020年，蚂蚁集团原本计划上市，但因故暂停。我们可以看到，金融行业的创新与技术进步从未停止。2013年被视为数字金融元年，余额宝的出现受到了人们的广泛关注。从目前的情况来看，中国数字金融的市场规模已相当大。移动支付、大科技信贷、新型线上投资及数字货币在中国发展迅速，我国的数字金融创新走在世界前列。北京大学数字金融研究中心每年都会与国际货币基金组织举行一次年度闭门研讨会，深入探讨中国金融的发展状况。2020年，北京大学数字金融研究中心还专门举办了一场有关大科技信贷的研讨会。

新冠疫情在全球蔓延后，人们发现隔离是控制疫情传播的有效手段。在疫情防控期间，许多银行暂停营业。曾有学者指出，如果美国发生大的灾难，一旦银行重新开门，人们就会涌入银行，急于取款或借款。因为在灾难爆发期间，这些银行的金融服务基本处于停滞状态，人们无法获得资金。然而，在这次疫情防控期间，这种情况并未在中国发生，因为大家可以通过电子支付平台或手机银行办理各项业务。在和一位在大型银行工作的朋友聊天后，我得知一些银行在疫情防控期间一直正常营业，因为总会有一些老年人不知道如何通过电子支付平台或手机银行办理业务。许多国际组织的官员对我国银行的这种应对方式大加赞赏，认为应将这种应对方式推广到各个国家。数字金融服务的优势在这次疫情中得到了充分的体现。

为什么数字金融在中国发展迅速？首先，我国的传统金融业务存在明显的缺陷。十几年前，大多数人的主要支付手段是现金支付，移动支付的出现为人们的生活提供了便利，因此移动支付受到人们的欢迎。其次，我国的监管机构对数字金融创新持支持态度。这种支持也可能给整个社会带来一定的风险，P2P平台接连爆雷就是一个典型的例子。最后，数字技术革命是推动数字金融发展的关键因素。没有数字技术的支撑，数字金融革命是不可能发生的。数字技术在金融领域的应用给人们带来了许多意想不到的结果，我将其总结为"三升三降"。"三升"是指规模扩大、效率提高、用户体验感提升，"三降"是指降成本、控风险、减少直接接触。这六个方面的改变使我国的数字金融发生了前所未有的变革。数字金融之所以在近些年得到快速发展，而不是在10年前或20年前，主要是因为智能手机的普及和4G、5G通信技术的发展。如果现在我们仍在使用2G网络，移动支付的普及是无法实现的。2010年，支付宝每秒能处理300笔交易，如今，支付宝每秒至少能处理50万笔交易，这得益于技术的进步。

2021年，北京大学数字金融研究中心发布了《北京大学数字普惠金融指数（2011—2020）》，该报告对全国各地的数字金融发展水平进行了评估。研究发现，2011年，全国各地的数字金融发展水平差距非常大；2020年，偏远地区、农村地区的数字金融发展速度很快，地区间的差距明显缩小。数字金融的发展使金融服务得到了广泛的普及。无论身处何处，只要有智能手机，人们就能享受到相同的金融服务。例如，对于喀什的农民来说，他们虽然有银行卡和银行账户，但需要骑几个小时的摩托车才能到达银行，由于路途遥远，他们之前可能很少到银行办理业务，但他们现在可以通过手机来办理这些业务。

实际上，普惠金融的普及也面临一定的挑战。普惠金融难以普及的原因主要有两点：获客难和风控难。找到客户并了解客户的需求是一大挑战。中国工商银行之所以被称为"宇宙行"，是因为其分支机构遍布全国各地，这使它能覆盖更为广泛的用户群体。然而，找到客户并与之建立联系通常需要面对面的交流，这就增加了获客的难度。目前，随着无接触交易的发展，很多平台和银行可以在网上接触到潜在的客户，这是一个革命性的变化。找到客户只是第一步，金融机构还需要做好风控工作，数字技术在这方面也发挥了重要的作用。由此可见，数字技术极大地改变了金融服务的形式，使得金融服务变得更为便捷。

在进行一笔交易时，交易双方首先要面对的问题是先付钱还是先交货。2003年10月，淘宝网首次推出担保交易（支付宝）服务。当时，淘宝网迎来了一笔交易。一名在日本横滨的中国人在淘宝网卖相机，而一名西安的大学生想要购买这部相机。在交易过程中，淘宝网的担保机制确保了买卖双方的交易安全。买家在确认购买信息后，将款项支付到第三方担保平台，而不是直接支付给卖家。买家在收到商品并确认商品符合预期后，第三方担保平台才会将款项支付给卖家。这个流程虽然比较复杂，但有效地解决了交易双方互不信任的问题，正是这种担保机制确保了交易的顺利进行。这次交易还出现了一个小插曲，买方在支付款项后突然反悔了，于是，工作人员花费了大量时间安抚买方，确保他相信这笔交易是安全的。最后，工作人员甚至承诺，如果交易出现了问题，他会用自己的工资来赔付。

2003年，淘宝网刚刚上线，当时人们对这个平台还不太了解，对其提供的担保交易服务也存有疑虑。随着淘宝网规模的扩大和用户数量的增加，其担保交易服务的含金量也逐渐提高。2004年，支付宝从淘宝网的第三方担保平台发展为独立支付平台。经过多年的发展，支付宝逐渐成为移动支付领域的佼佼者。如今，支付宝和微信支付已经各自拥有超过10亿的用户，普及程度极高。如果没有这些支付工具，我们的生活将会变得极为不便，它们已经成为我们生活中不可或缺的一部分。移动支付不仅方便了我们的生活，还深刻地改变了经济生活的方方面面。

多项研究表明，移动支付的出现对个体的职业选择和经济生活产生了积极的影响。以农民为例，支付宝等移动支付工具不仅使他们的收入有所提高，还扩大了他们的职业选择范围。此外，移动支付也使农民在面对收入冲击时更好地实现平滑消费。在过去，如果大家遇到了问题，需要向亲戚或朋友求助，转账过程通常是相对烦琐的；然而，移动支付简化了这一过程，使得资金转账变得轻而易举。2013年以前，我国的居民消费价格指数并不稳定；但2013年以后，我国的居民消费价格指数开始趋于稳定。这种变化可能与移动支付、电商和物流的发展密不可分。由于相关技术不断进步，全国市场实现了更为紧密的融合。消费者无论是在黑龙江还是云南，都可以在短时间内购买到全国各地的商品。随着物流成本的降低，地域间的价格差异不断缩小，这也进一步证明了移动支付和电商的发展有利于市场价格的稳定。此外，中国的大科技信贷在疫情防控期间得到了进一步的发展，这得益于支付宝、微信支付的快速发展。支付宝、微信支付利用大数据、人工智能等技术手段快速、低成本地获取了大量用户，展现了"长尾效应"所带来的显著优势。

无论是刷抖音、刷微信还是线上购物，用户都会在各种平台上留下自己的数字足迹，这些数字足迹汇聚成了庞大的大数据资源。大数据的作用之一就是获客，它可以帮助平台争取许多通过传统方式无法争取到的客户。这些平台还可以利用大数据做什么呢？大数据可以帮助平台实时监测借款方的行踪，了解其行为并进行信用风险评估，预测借款方的还款能力和还款意愿。如果借款方是一家企业，平台可以通过大数据了解该企业的运营情况和客户对该企业产品的评价。如果某家企业的产品销量不佳或客户对其评价很差，那么平台就需要考虑其是否有还款能力，判断自己能否按时收回款项。

银行在放贷时所要做的一项重要工作就是进行信用风险评估和金融风险评估。在评估风险时，传统银行一般会查看借款方的财务数据，如资产负债表、现金流量表和损益表。银行可以通过这些表格大致了解借款方的业务状况并作出判断。一些中小企业无法提供详尽的财务数据，银行会要求这类借款方将房产抵押给银行，以降低风险。如果借款方不按时还贷，银行会对抵押的房产进行拍卖，从而收回贷款。有一种贷款被称为关系型贷款。在发放关系型贷款的过程中，信贷员通常对企业家的行为和人际关系有比较充分的了解，并进行过长期跟踪。关系型贷款的不良率通常是比较低的，因为了解企业家的各方面情况有时比查看财务数据更可靠。然而，发放关系型贷款通常需要银行投入大量的人力成本，并且一名信贷员通常只能了解有限数量的企业家。

在中国，数字普惠金融的创新在P2P、大科技信贷、供应链金融、银行数字化转型等领域表现得尤为突出。P2P是一种利用大数据和科技平台将小额资金聚集起来，并将资金借贷给有资金需求的人群的线上借贷模式。目前，P2P网贷机构已全部停止运营。P2P业务被取缔的最主要原因是，当前的信用环境使人们缺乏获取信息的能力，防范道德风险的难度较大。在P2P平台，借款方和贷款方缺乏面对面交流的机会，这使P2P平台无法有效地进行风险控制。一些大科技信贷平台做得比较好，这些平台利用大数据和科技手段解决了获客问题和风控问题。它们利用平台快速、低成本地获取大量用户，并利用大数据进行信用风险评估和监测。

我们与国际货币基金组织的经济学家合作开展了一项研究。我们收集了近200万条网商银行的贷款数据，并采用两种不同的模型对传统银行风控模型与大数据风控模型进行了比较。研究结果显示，大数据风控模型在预测违约方面更具优势。首先，大数据风控模型可以利用大数据实时监测当前的情况、预测未来的情况。相比之下，财务数据往往是滞后的，这些数据通常缺乏时效性。其次，大数据风控模型不仅涵盖了财务数据，还涵盖了许多行为变量。一个人的行为通常是相对稳定的，不像财务数据那样瞬息万变。因此，大数据风控模型能够通过分析行为变量更好地评估借款方的信用风险。这个模型看起来不错，但也存在很多问题。在未来，如果金融周期发生了变化，模型是否依然可靠？这个问题我们还在研究。现在我们能够看到，网商银行的逾期率已经开始逐步下降，大数据风控模型似乎发挥了一定的作用。

数字供应链金融是一种将供应链金融服务与物联网、区块链、大数据等先进技术相结合的金融模式。这种金融模式为企业提供了预付账款融资、设备融资租赁、应收账款融资等多种业务形式。其核心理念是通过技术手段验证交易的真实性，从而确保资金在未来能够被收回。在中国，数字供应链金融业务已经被全面推广，并为产业链中的企业提供有力的支持，但大型企业的参与度相对较低。这种金融模式的广泛应用也有助于促进贷款规模的扩大。传统银行也可以利用数字技术开展贷款业务。在未来，贷款的发放依据可能是数据而非抵押物，这将对宏观经济的稳定性产生一定的影响。

我认为，数字人民币将给数字金融和商业银行的发展带来新的变革。从长远来看，数字人民币的出现可能会改变货币政策和金融政策的运作机制，以及国际金融体系的布局。同时，我们也应当警惕其中存在的风险。一些业务模式可能不具备可持续性，相关机构如果运营不当，可能会出现比较严重的问题。

自 2009 年比特币正式问世以来，数字货币一直备受人们关注。比特币因其去中心化、匿名和总量恒定的特性而受到人们的欢迎，但其内在价值的不确定性使许多国家的监管部门和央行对其持怀疑态度。2019 年 6 月 18 日，Facebook（脸书）发布的"Libra 白皮书"引发了人们的关注。Libra 是 Facebook 推出的一款虚拟加密货币，这是一种有内在价值的稳定币。Libra 如果能够落地，将成为用于跨境支付的国际货币。Libra 受到了各国监管部门的质疑，Facebook 后来根据反馈进行了多方面的调整，将 Libra 改名为 Diem，并于 2020 年 4 月发布了新版白皮书。Facebook 在全球拥有将近 30 亿名用户，如果其推出的数字货币得以落地，将导致资金在全球范围内自由流通，这会对现有的金融体系造成巨大的冲击。后来，各国央行开始意识到数字货币的重要性，并加快了研发数字货币的步伐，因为如果各国央行不采取行动，其他数字货币就会涌入市场，从而对各国的货币主权构成威胁。从 2020 年开始，数字人民币的试点范围不断扩大。

央行数字货币通常可被分为批发型和零售型。批发型主要供机构之间使用，而零售型则主要面向普通民众。国际清算银行的调查报告显示，全球约 86% 的央行已开展数字货币研究。对于发展中国家来说，央行研发数字货币的主要目的是实现普惠金融、提高支付效率、增强货币政策的有效性。中国的数字人民币已在冬奥会场馆内投入使用，其设计已相当成熟。数字人民币采用的是独特的双层发行机制，即中国人民银行授权权威机构发行，而这些机构自行设计钱包并向公众发行数字人民币。此外，银行不会为数字人民币支付利息。

经常有人问我数字人民币的核心功能是什么，因为他们觉得数字人民币与其他移动支付方式并没有太大的差别。他们的感觉其实是正确的。从本质上看，数字人民币是一种移动支付方式。既然它也是一种移动支付方式，那为什么还要推出数字人民币呢？中国人民银行表示，推出数字人民币的目的是实现普惠金融。数字人民币是法定货币，具有法偿性，这一特性使数字人民币与人们经常采用的移动支付方式有所不同。同时，使用数字人民币进行交易是不会产生手续费的。此外，推行数字人民币有利于提升普惠金融服务水平，它支持双离线支付。数字人民币在设计上也充分考虑到了残障人士、老年人等特殊群体的需求。

数字人民币在未来是否会取代移动支付？目前我还无法给出明确的答案。尽管数字人民币和人们经常采用的移动支付方式在某些方面存在一定的共性，但它们的功能和定位是不同的。微信支付、支付宝等第三方支付平台拥有完整的生态系统，覆盖多种应用场景。数字人民币能否拥有完整的生态系统？这需要我们进行进一步的观察和评估。有人认为，数字人民币可能不会完全取代人们经常采用的移动支付方式，它和这些移动支付方式将形成一种互补关系。此外，数据的收集和分析方式也可能在未来发生变化，随着技术的发展和数据的不断积累，数据的重要性将更为凸显。

在当今社会，我们广泛使用的支付工具存在一定的局限性。比如，人们只能将支付宝账户中的钱转入支付宝账户，将微信支付账户中的钱转入微信支付账户。这虽然给人们的交易带来了一定的不便，但也具有一定的好处。这种独立性使每个支付系统内部的数据都是完整的。这就意味着，在支付宝系统中，每一笔转账的流动轨迹都可以被完整地追溯，各个机构可以对这些数据进行深入的分析，从而更好地理解用户的行为和需求。然而，如果支付方式在未来变得更加多样化，那么各个机构可能只能获取一部分数据。

中国人民银行数字货币研究所所长穆长春提到了一些有关数字人民币的关键问题。首先，为了使数字人民币得到广泛应用，受理终端的建设问题需要被重视起来，这意味着需要有足够多的场所支持数字人民币的使用。如果数字人民币只适用于某些特定场所，那么人们使用数字人民币的积极性就会降低。因此，数字人民币应当便于人们随时随地进行交易，就像支付宝和微信支付一样。其次，数字人民币的推出对我们国家的安全风险管理体系提出了更高的要求。随着数字人民币的推出，信息安全问题将成为我国要应对的重大挑战。新的支付系统可能会成为黑客攻击的目标，相关部门需要采取有效的措施来确保资金流转的安全性。此外，相关部门还需要考虑如何应对各种潜在风险，如系统故障等。数字人民币的推出还涉及监管方面的问题。如果监管模式和政策尚不明朗，数字人民币的推广和使用就会受到一定的影响。数字人民币不计付利息，这可能会影响用户使用数字人民币的积极性。未来数字人民币是否会从零售型转变为批发型？数字人民币是否有可能计付利息？目前我们还无法给出明确的回答。

目前，中国人民银行数字货币研究所正在与香港金融管理局开展合作，共同探索数字人民币的国际应用。如果技术条件成熟，数字人民币可被直接用于国际支付，但数字人民币只是人民币的数字形式，其能否在国际市场上流通主要取决于国际市场对人民币的认可度和接受度。想要推动数字人民币的国际化进程，我们需要综合考虑多个方面的因素，包括政策环境、市场机制和系统技术支持等。这些因素对数字人民币的国际应用起着至关重要的作用，因为它们将决定数字人民币在国际市场上的竞争力、稳定性和可信赖度。如果国际市场对人民币的认可度不断提高，数字人民币的国际化进程将变得更加顺畅。我们期待数字人民币未来能够在国际市场上发挥更大的作用。

2022 年 3 月 24 日

（根据讲座录音整理，已经本人审阅）

第二讲

中国经济未来二十年

海　闻

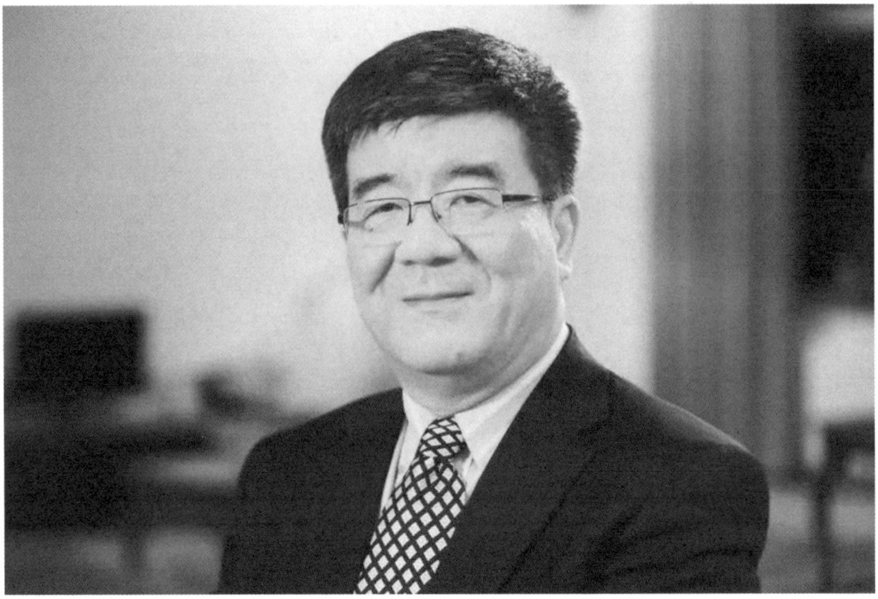

作者简介

海闻，现任北京大学校务委员会副主任，北京大学汇丰商学院院务委员会主任、创院院长，北京大学中国经济研究中心联合创始人之一；曾任北京大学副校长。1982年毕业于北京大学经济系，获经济学学士学位。1983年毕业于美国加利福尼亚州立大学长滩分校，获经济学硕士学位。1991年毕业于美国加利福尼亚大学戴维斯分校，获经济学硕士学位和经济学博士学位。主要教学及研究领域为国际经济学（贸易与金融）、发展经济学和转型经济学。专著和主编著作有《国际贸易：理论·政策·实践》、《管理中的经济学》（与林双林合著）、《转轨中的俄罗斯经济》、《中国乡镇企业研究》、《国际贸易》（与林德特、王新奎合著）、《国际贸易和投资：增长与福利，冲突与合作》、《国际经济学》（与施建淮合著）、《改革与未来》、《重构：经济新格局与新思维》、《宏观大势与市场逻辑》等。曾荣获北京大学教学优秀奖、中国留美经济学会终身成就奖、美国李氏基金会杰出成就奖；曾被评为北京大学"十佳教师"、网易2017年度最具影响力经济学家，曾被《中国经济评论》杂志评为"2021年度十大经济学家"。

内容简介

中国经济的发展吸引着全世界的目光。面对错综复杂的国内外经济环境，中国经济未来将朝着什么样的方向发展？中国经济面临的挑战有哪些？中国经济未来的改革方向是什么？在这一讲中，海闻教授对中国经济未来20年的发展进行了分析和展望，并带领大家了解了中国当前的经济状况、中国未来经济增长的主要动力和中国经济面临的主要挑战。海闻教授认为，未来20年对中国经济的发展至关重要，中国的经济正处于起飞阶段；中国经济想要腾飞，深化改革是必经之路。

视 频 节 选

在确定演讲主题之前,我思考了许久——究竟是谈经济学学术问题,还是谈经济现状?最终,我决定和同学们探讨一个大家都比较关心的问题——未来 20 年中国的经济发展趋势。对于大部分在座的同学来说,未来 20 年是你们人生中最重要的一个阶段。当然,下面我所讲的内容并不仅仅局限于 20 年,也包括更遥远的未来。总之,我想和大家一起探讨中国经济的长期发展趋势。

经济一直是大家关注的焦点。在当前经济面临诸多变化的背景下,人们如何看待未来的经济发展形势呢?有人持悲观态度,也有人保持乐观。我会主要从发展经济学的角度对中国未来的经济形势进行分析。通过逻辑推断,我认为中国经济在未来仍有巨大的发展潜力。

中国经济增长放缓

众所周知,近年来中国经济经历了一段相对低迷的时期。我国的 GDP 增速已经连续 5 年低于 8% 了,这是一个显著的变化。之所以特别提到 8% 这个数字,是因为过去人们一直将其视为中国经济增长的重要指标。回顾过去的 20 年,我国曾经历两次严重的经济波动。第一次波动出现在 1997 年亚洲金融危机爆发之后,当时中国的出口量急剧下滑,经济陷入萧条,许多企业面临困境。朱镕基总理当时提出了"保八"目标，经过全国人民的共同努力，我国的GDP增速达到了7.8%[①]。第二次波动出现在2008年国际金融危机爆发之后，温家宝总理再次提出了"保八"目标。为了应对危机，我国启动了一个规模庞大的4万亿刺激计划。由此可见，8%的GDP增速对中国来说一直是一个重要的底线。

在探讨中国经济增长目标时，8%这个数字经常被提及。有部分人认为，中国目前正处于城镇化快速发展阶段，大量的农民进城寻找工作。如果GDP增速低于8%，可能会导致失业率大幅上升，从而引发一系列社会问题。然而，目前我们国家已经连续5年未能实现这个增长目标了，中国的GDP增速在某些年份甚至跌到了7%以下。因此，人们普遍感觉到，我们国家已经无法实现之前的增长目标了，中国经济进入了所谓的"新常态"。这种经济增速放缓的情况会持续下去吗？中国的经济增长在未来的20年将达到怎样的水平？

国务院发展研究中心曾发布一份报告，报告预测中国的经济增长速度将逐渐放缓。到2025年，GDP增速可能降至4%左右。当然，人们对于这一预测存在不同的看法。为了更深入地理解经济增长放缓的原因，我们需要从多个角度分析这一问题。在过去30年中，中国的GDP平均增速接近10%。在某些年份，中国的GDP增速甚至达到了14%。当然，我们也知道，任何经济体的GDP增速都不可能长期维持在10%以上。随着经济体量的不断扩大，中国的经济增长速度自然会有所放缓，但这并不意味着经济增长速度会直线下降。

[①] 国家统计局.中华人民共和国1998年国民经济和社会发展统计公报[EB/OL].（2001-10-22）[2024-03-20]. https://www.stats.gov.cn/sj/tjgb/ndtjgb/qgndtjgb/202302/t20230206_1901942.html.

周期性经济波动的延续

当前经济增速放缓受到短期因素的影响。所谓短期因素，指的是经济的周期性波动。马克思在探讨资本主义时早已指出市场经济存在两个无法避免的问题，其中之一便是周期性的经济危机，而这种危机的发生通常遵循着一定的周期性规律。从历史经验来看，经济波动的周期大约为8年到10年。在过去的30年里，我国已经经历了几次明显的经济波动，它们分别出现在20世纪80年代初、20世纪90年代初，以及20世纪末到21世纪初。依据这一理论，从2008年年底开始，中国经济应当出现新一轮的短期衰退，但当时政府采取了强有力的刺激政策，相当于用猛药压制住了经济的自然波动。虽然政府通过一定的手段在2009年抑制住了经济下滑的趋势，但问题并没有从根本上得到解决，某些过剩的产能不但没有被及时消除，反而继续扩张。

在2008年国际金融危机爆发后，美国的经济一直呈现下滑趋势，美国政府没有进行过度的干预，因此美国经济直到2017年才开始回暖。目前，美国政府已经开始关注经济过热和通货膨胀的问题，而我国还在应对经济下滑的挑战。由此可见，经济波动是客观存在的，而且这种波动有其自身的规律。人们如果过度干预，可能反而会打乱节奏，导致更严重的后果出现。从某种意义上说，目前中国经济增长放缓与从2008年开始的经济周期的延续有关。

中等收入陷阱带来的挑战

目前，中国已经进入了一个特殊的发展阶段，即中等收入阶段。这既是一件好事，也给我们带来了新的挑战，这个新的挑战就是所谓的

"中等收入陷阱"。陷入中等收入陷阱的国家在人均收入达到中等水平后就会出现缺乏经济增长动力的问题。具体来说，随着工资的上涨，一些国家在劳动力成本上逐渐失去与其他国家竞争的优势，但这些国家在技术研发上又无法与发达国家抗衡。于是，这些国家的经济增长速度开始放缓。

我们国家目前也出现了这样的情况。尽管一些民众可能对自己的薪资水平仍不太满意，但从劳动工资的角度来看，我国的制造业成本已经很高了。这也解释了为什么越来越多的工厂选择迁往越南、柬埔寨、老挝等国家。在制造业领域，我国的科技水平仍落后于德国、日本等发达国家。与此同时，处于中等收入阶段的国家往往会出现一些较为严重的社会问题，如贫富差距扩大、贪污腐败问题加剧等。

为什么一些国家会陷入中等收入陷阱？这是一个值得深入探讨的问题。事实上，并非所有达到中等收入水平的国家都会陷入中等收入陷阱。有些国家（如新加坡）就相对平稳地度过了中等收入阶段。这些国家之所以能够成功地跨越中等收入陷阱，主要归功于有效的产业结构调整。当收入水平较低时，人们首先要解决的是温饱问题。在中国改革开放初期，农业是最早发展起来的产业，农民也率先感受到了致富的喜悦。到了20世纪80年代初，轻工业成为拉动经济增长的主要动力。自行车、手表、收音机、服装等产品在当时非常受欢迎，轻工业的快速发展也成就了一批知名的企业家。随着经济的进一步发展和人们消费需求的升级，产业结构也有所调整。从农业到轻工业，再从轻工业到耐用消费品产业，每一次产业结构调整都顺应了市场需求的变化。20世纪90年代，耐用消费品（如空调、冰箱、彩电）成为拉动经济增长的新动力。21世纪初，人们对耐用消费品的需求已基本得到满足，此时，我国又迎来了调整产业结构的重要节点。在这个时期，住房和汽车成为拉动经济增长的主要动力。在中国，汽车在20世纪90年代末还属于奢侈品，现如今，几乎家家户户都有汽车了。这种变化正是我国经济快速发展和居民生活水平提高的生动写照。

对住房和汽车的需求基本得到满足后，人们开始追求更高层次的需求，如医疗、教育等。遗憾的是，经济发展到一定程度后，尽管需求在不断增加，但我国的产业结构却未能及时调整。一方面，低端产品市场逐渐饱和；另一方面，医疗、教育等新兴产业的市场空白未被及时填补。这种结构性失衡不仅导致传统产品滞销、部分企业破产，还造成了收入差距的扩大和人力资源的浪费。例如，不少单位招聘不到高技能人才，而许多人却因技能不匹配而找不到工作。一些亚洲国家之所以经济发展迅速，是因为它们始终高度重视教育和科研。以新加坡为例，20世纪60年代，李光耀领导的新加坡政府在推动经济增长的同时，还大力发展教育事业，韩国也采取了类似的策略。这一举措为它们的产业结构调整和经济转型扫除了障碍，使它们成功地跨越了中等收入陷阱。

重新审视中国当前的经济问题，我们可以发现，当前的问题并不是由单纯的总需求不足造成的。在过去几年经济不景气的大环境下，制造业的衰退表现得尤为显著，而服务业的增长势头却较为强劲。金融业在前些年也呈现出高速增长的态势。总体来看，中国经济增速放缓不仅仅是一个宏观问题。我国经济所存在的更深层次的问题是结构问题。从产业结构变化的角度来看，在GDP增速下降的情况下，服务业增加值的增速高于GDP增速，而制造业增加值的增速则远低于GDP增速。

我们再来看看各省份的情况。东北地区的经济形势目前比较严峻，黑龙江等省份的经济增长速度远低于全国平均水平。与此同时，沿海经济大省的经济增长率均超过8%，如江苏、福建、广东、山东、浙江等。我们还可以看到，深圳的经济增长率达到了9%。中国经济的发展存在着巨大的地区差异和行业差异。有些人可能只看到中国经济的某些方面，就像盲人摸象一样，只能摸到象的一条腿。我们如果去黑龙江、吉林、辽宁、山西、河北等地考察，可能会觉得中国经济存在不少的问题。但我们如果去广东、福建等地考察，会发现中国的经济发展依然活跃，企业也在蓬勃发展，不少企业在积极寻求上市。中国经济存在部分产业供大于求和部分产业供不应求的结构性失衡问题。因此，中国经济并未整体衰退，其所存在的问题是结构性问题。

中国经济仍然有以较快的速度增长的潜力

从长远看，中国经济仍然有以较快的速度增长的潜力。这是因为中国在经济发展方面有两个独特的优势：一是中国仍然处于经济起飞阶段，二是中国的经济改革进入了新的发展阶段。

发展经济学中有一个理论叫经济起飞理论。该理论的提出者是美国经济史学家罗斯托。我是在厉以宁老师的课上接触到这个理论的，那时我们从批判的角度来探讨资产阶级经济思想。厉以宁老师的课非常有趣。当时厉老师介绍了罗斯托的经济起飞理论，我对此非常感兴趣。后来，我去美国读了博士，并将发展经济学作为自己的研究方向，因为我认为学习发展经济学对于促进中国经济的持续发展是非常有意义的。我可以研究其他国家的发展路径和遇到的问题，从而更为深入地分析中国经济的发展方向。

根据罗斯托的经济起飞理论，任何国家都可以实现从传统经济到现代经济的转变。传统经济的发展主要依赖自然资源，主要依靠的是种植业、林业、畜牧业、渔业等。这种经济形态持续了数千年。现代经济出现于18世纪英国工业革命爆发之后。现代经济的发展不完全依赖于自然资源，其主要依靠的是科学技术。日本、新加坡和北欧的一些国家的自然资源并不丰富，但它们都是发达国家。这种从传统经济到现代经济的转型过程被罗斯托形象地比喻为"飞机的起飞"。

回顾历史，欧美国家在18世纪和19世纪实现了经济的起飞，而在第二次世界大战结束后实现经济起飞的国家主要是亚洲和南美洲的一些国家。在20世纪50年代初期，韩国的人均GDP和中国的人均GDP都处于较低的水平。然而，从20世纪60年代开始，韩国经济增长迅速。

自20世纪90年代起，中国的产业结构经历了显著的变化，这是经济起飞的重要特征之一。经济起飞不仅仅表现为经济增长速度加快，它还伴随着产业结构和社会结构的变化。在产业结构方面，在经济起飞之前，我国的经济以农业为主导，这种局面持续了几千年之久。随着经济的起飞，我国的工业逐渐崛起，制造业成为核心产业。制造业的发展主要表现为从轻工业到耐用消费品生产的转变，以及从耐用消费品生产到大型制造业的转变。随着经济的进一步发展，服务业开始占据主导地位。当一个国家的服务业增加值占GDP的比重达到60%~70%时，就标志着该国经济已基本处于现代经济阶段。在社会结构方面，在经济起飞之前，我国的大部分人口居住在农村地区。随着城镇化进程的加快，大量人口从农村涌入城市。自20世纪80年代起，大批农民进城打工。

当前，中国正处于工业化的中后期，制造业增加值占GDP的比重在持续下降，服务业增加值占GDP的比重在持续上升。我国的城镇化进程仍在持续推进。如果一个国家的经济处于现代经济阶段，城镇化率至少要达到80%。从这个角度来看，我国的起飞阶段尚未结束。这既是一个挑战，也是一个机遇。一方面，中国还需要努力完成起飞阶段的任务；另一方面，中国仍然拥有巨大的增长潜力。飞机在起飞阶段会继续爬升，中国的经济也将持续增长。这也意味着在未来的20年，我国仍将处于产业结构调整和社会结构调整的关键时期。

未来我国经济增长的主要动力

未来我国经济增长的主要动力是什么？在未来，推动中国经济增长的主要动力将来自多个方面。第一，服务业将扮演重要角色。服务业能够创造巨大的经济价值，随着人们收入水平的提高和消费结构的升级，人们对服务业的需求将不断增长。教育、医疗、旅游、娱乐等领域的快速发展将为经济增长提供新的动力。第二，城镇化进程将继续深入推进。城镇化将带动基础设施建设的升级和传统产业的发展，如钢铁行业、建筑行业等。新型城镇化将更加注重进城务工人员市民化和城市基础设施的建设，这有利于进一步释放内需潜力。第三，制造业将持续升级。制造业的发展重心将转向高新技术。企业可通过技术创新、产业升级和智能制造等手段提高制造业的附加值和竞争力，推动制造业向高端化的方向发展。第四，国际市场不断扩大。中国提出的"一带一路"倡议不只是一个口号，该倡议的提出有利于我国加强与"一带一路"合作伙伴的经贸合作，为中国企业提供更广阔的市场空间和更多的发展机遇。总的来看，城镇化、服务业的发展、制造业的升级和国际市场的拓展未来将成为推动中国经济增长的主要动力。

为什么服务业对经济的发展至关重要？因为服务业与消费结构紧密相关。随着收入的不断增加，消费者的支出也会不断增加。在不同的阶段，各类支出所占的比重是有所不同的。在低收入阶段，农产品消费占据主导地位，如果人们的收入仅为几十元，可能大部分钱都用于食品消费了。随着收入的增长，人们在食品上的消费也会有所增加，但其在总支出中的比重会逐渐下降。同时，与服务业相关的支出在总支出中的比重会逐渐增加，这是一种经济发展规律。以美国为例，其服务业增加值占 GDP 的比重约为 80%，这表明服务业在美国的经济发展中处于核心地位。中国的服务业在近些年发展迅速，但服务业增加值占 GDP 的比重还相对较低。有人认为服务业创造不了太大的价值，实际上，我们不能忽视服务业对经济的拉动作用。服务业可以拉动消费，这在网络时代表现得尤为明显。线上购物给人们的生活带来了便利，并且推动了零售业的快速发展。

当前，政府一直在提倡提高产品的附加值，而提高附加值并非仅通过技术升级就能实现，服务业在其中扮演了至关重要的角色。以品牌为例，现在的消费者在购买商品时往往更倾向于选择有品牌的产品。同样一件 T 恤，如果上面印有知名品牌的标志，其价格可能会比没有品牌的 T 恤高出许多，因为品牌为消费者带来了额外的满足感和信任感，这也提高了产品的附加值。一些高端品牌的产品总是吸引着大量消费者排队购买，尽管这些品牌的产品价格昂贵，但消费者仍然愿意为之买单。在发达国家，服务业之所以占据如此大的比重，在很大程度上是因为这些国家的高端服务业（尤其是生产性服务业）发展水平较高。

我想再举个例子。我们通常认为，律师的主要职能是伸张正义、维护公平。然而，在现代企业中，律师不仅为企业提供法律咨询服务，还在保护企业知识产权和附加值方面发挥着重要的作用。以我曾经接触过的一些公司为例，它们在聘请律师上投入的成本甚至超过了在聘请科研人员上投入的成本。高通是一家高科技公司，其律师团队规模庞大，这让我感到很意外。然而，我在深入了解后发现，这些律师保护了公司的知识产权，确保公司的创新成果能够得到充分的保护，因此他们为公司创造了巨大的价值。在中国，许多企业在技术的研发上投入了大量的资金，但最终却因为缺乏有效的法律保护而无法获得应有的回报。

在经济发展到一定水平后，人们开始追求健康，医疗保健便成为重要的消费领域。然而，我国的医疗服务体系还有待进一步完善。首先，政府应当加强对医疗行业的监督和管理，保证药品质量，同时保障医生的合法权益和收入水平。其次，政府要鼓励企业加大对医疗领域的投入，研发更好的药品，满足人民群众日益增长的健康需求。政府不能对药品价格管控过严，因为这会导致企业不愿意在药品研发上投入更多的资金。一旦政府把药品价格压得很低，企业就无法收回成本，新药就很难被研制出来。据我所知，我国在处方药的研发方面是相对滞后的，自主研发的药品种类相对较少。在大多数情况下，我国的制药企业只能在国外药品的专利保护期届满之后才开始生产那些受专利保护的药品。总的来看，我国的医疗产业拥有巨大的发展空间。

在医疗领域，看病贵、看病难的问题长期存在，这是因为人们的需求在不断增长，但供给却不能满足人们的需求。随着经济的发展和人口老龄化的加剧，人们在医疗方面的需求会不断增加。我曾在《健康报》上发表过一篇文章，文章的主要观点是医疗改革的核心在于解放医生，就像农业改革的核心在于解放农民一样。医生的积极性需要被调动起来，这样他们才能更好地服务患者。

如果我们想要解决看病贵的问题，相关部门就需要进一步完善医疗保险制度。我们知道，美国的医疗费用是十分高昂的，而医疗保险制度是解决这一问题的关键。医疗保险能够为患者提供必要的经济支持，从而有效降低人们因病致贫的风险。我在美国大学工作时，学校会为我和家人购买医疗保险。有一次，我的小女儿被仓鼠咬伤了。尽管医生说被这种宠物咬伤通常问题不大，但为了安心，我还是选择带女儿去医院处理伤口。医生给我女儿打了一针破伤风疫苗，并对伤口进行了消毒。这次治疗的费用高达100多美元，但因为学校为我和家人购买了医疗保险，所以我只需要支付20美元。如果人们在美国购买了医疗保险，保险公司会明确告知参保者可以在哪些私人诊所就诊。参保者在这些诊所看病时无须支付费用，因为保险公司已经与诊所签订了合约，保险公司会直接支付诊疗费用。这样一来，一个由保险公司、医生、患者构成的三角关系就形成了。在这个关系中，保险公司发挥着监督医生的作用，一旦医生存在过度医疗的行为，保险公司就会拒绝报销相关的费用，甚至可能终止与医生的合作。患者通常没有能力监督医生的诊疗行为，因为他们对医学知识缺乏了解。例如，当患者感冒时，如果医生要求其拍CT或做核磁共振检查，患者可能不知道是否有必要做这些检查，但保险公司有专业的医生团队，这些专业人员能够判断医生是否存在过度诊疗的行为。私人医生或家庭医生在美国较为普遍，他们能够为患者提供个性化的医疗服务。我们知道，每个人的身体状况、健康需求都各不相同。在我国目前的医疗体系中，不少患者往往只能接受比较低端的医疗服务。医生可能不清楚患者的名字，也不了解患者的个人病史和家族病史。这种服务模式缺乏连续性和个性化，无法满足患者的真实需求。我曾在一场座谈会上谈到中国未来的消费需求。在这场座谈会上，我特别强调了私人医生及家庭医生的重要性。我认为每个老百姓都应当拥有自己的私人医生或家庭医生。家庭医生提供的是个性化服务,并且他们对患者负有长期责任。他们会非常谨慎地为患者提供治疗,因为任何不当治疗都会损害他们的声誉。我曾在美国聘请过一位家庭医生,当我出现头疼的问题时,他并没有盲目地作出诊断。他认为我的头疼可能是由高血压引起的,于是将隔壁诊所的心血管科专家推荐给了我。这种医生之间的互相推荐和资源共享使患者得到了更为专业的治疗。

服务业还包括文化产业和教育产业。文化产业涵盖体育、音乐、影视等多个领域。虽然我国的文化产业也在不断发展,但与美国、韩国、日本等国家相比,我国文化及相关产业增加值占 GDP 的比重较小。想要推动文化产业的发展,除了加强知识产权保护外,我们还要注重人才培养的文理结合,注重打造具有中国特色的文化产品。我国的教育体系有比较明显的文理分科倾向,这在一定程度上阻碍了文化产业的发展。许多文化产业的从业者缺乏跨学科知识和创新思维,这会导致文化产品的创新性不足。同一历史题材的电视剧和电影经常被反复拍摄,有高科技元素的作品却比较少。美国电影产业之所以在全球处于领先地位,是因为文化产业的从业者具有卓越的创新能力。想要推动文化产业的发展,我们的学校就必须重视创新,打破文理界限,培养更多的具有综合素质的人才。

我们再来看看城镇化是如何拉动经济增长的。政府目前很关注"三农"问题,我认为"三农"问题不能仅仅通过为农民在村里建造房屋、改善基础设施来解决,更不能简单地让农民回流到农村,这种方法更像是在治水时采取"堵"的策略。在我看来,解决"三农"问题更要靠"疏",即减少农民的数量,让大多数农民不再是农民。目前,我国农业及相关产业增加值占 GDP 的比重已经很小了,并且其所占比重还有可能继续下降,这意味着我们国家已经不需要那么多的农民从事农业生产了。我认为城镇化是解决"三农"问题的关键。李克强总理也强调了城镇化的重要性,他认为城镇化是我国经济增长的巨大引擎,是扩大内需的最大潜力。尽管我国在城镇化的过程中遇到了许多问题,但这并不应当成为暂缓推进城镇化的理由。实际上,城镇化在许多国家经济起飞的过程中都扮演了重要的角色,因为推行城镇化能吸引大量农民进城,从而推动经济的发展。

2012 年伦敦奥运会开幕式巧妙地展现了人类的发展历程,展示了城镇化、工业化等社会变革对人类生活的深远影响。开幕式首先展现了蓝天和白云、草原和羊群,随着工业化的不断推进,一个个烟囱耸立了起来,人们逐渐离开了土地,面容被烟尘熏黑,这象征着社会变革中的那段痛苦而艰难的时期。随后,一个戴着高帽子的人出现了,他引述了莎士比亚作品中的名句——"不要害怕,这个岛上充满了各种声音"。我们国家的城镇化进程也伴随着各种各样的问题,如农民进城后的就业问题和住房问题,但这些问题是社会变革的一部分。在城镇化方面,我们还有很长的路要走,特别是在住房、交通基础设施建设等方面。虽然钢铁、家具等行业在短期内出现了产能过剩的情况,但我认为这些行业仍然拥有巨大的发展潜力,因为未来还会有大批农民涌入城市,这些农民在城市安家落户后会对家具、住房产生巨大的需求。同时,新型城镇化还将带动节能环保产业、轨道交通产业的发展。此外,城镇化进程也将促进消费的增长,从而推动经济的发展。

我们都知道"家电下乡"政策,该政策的出台旨在将家电产品送往农村地区,以刺激农民消费。然而,政策推行后的实际效果可能并不尽如人意，农民的生活方式尚未从根本上发生改变，因此，他们的消费方式也未出现太大的变化。消费习惯与生活方式密切相关。有研究表明，在收入相同的情况下，城市居民的消费支出是农民的消费支出的3倍。农村的生活环境相对简单，农民的社交需求也相对较少，因此，农民不像城市居民那样频繁地购买服装和高档手机。在城镇化进程中，如果农民逐渐融入城市生活，他们的消费习惯也会发生改变，这将是一个长期的过程。目前，城镇化的推进受到了两种制度的阻碍：一是城市的户籍制度，二是土地制度。我们经常能看到一些进城务工人员在城里打工，而他们的家人却留在农村，这其实是一个需要被重视的社会问题。这种城乡分割的生活方式不仅会使进城务工人员无法与家人团聚，使他们的子女的教育受到影响，还可能导致农村地区的空心化问题和老龄化问题加剧。

在未来，技术创新将是制造业发展的必要支撑，制造业的高质量发展也将成为经济发展的一大动力。毫无疑问，传统技术已经无法满足制造业当前的发展需求了。除了技术创新以外，商业模式的创新也同样重要。我曾经参观过广州的一家服装公司，这家公司的设计师比较少，于是这家公司便借助网络平台征集设计方案。这样一来，任何人都可以通过网络平台将自己的设计方案发给这家公司，方案一旦被选中，提供方案的设计师就能获得相应的报酬。这种市场模式的转变激发了制造业的发展潜力。当然，最重要的一点是，我国的制造业企业要兼并重组。我国制造业的特点一直是"小而全"。很多企业整体规模不大，但涉足的行业领域却相当广泛。我曾去过不少温州的制鞋企业，我发现几乎每一家企业都有很多业务板块，就连很小的公司都有金融板块、地产板块、体育板块等。然而，这种"小而全"的模式并不利于制造业的发展。

我们可以看到，中国企业名称的演变很有趣，很多企业最早叫工贸公司，后来这些企业又改名为集团，我们很难通过企业的名称看出企业的主业是什么，因为多数企业会开展很多不同的业务。这与美国的企业形成了鲜明的对比。很多美国大企业的名称直接反映了企业的主营业务，这种做法是非常专业的。我认为未来制造业将向着"大而专"的趋势发展，因此，中小制造业企业必须尽快兼并重组，实现转型升级。在技术水平普遍较低的时代，中小企业尚可生存；但在高科技时代，企业如果没有足够强大的研发能力，就难以达到高标准的生产要求，也就无法推出高质量的产品。大型企业的生产条件都非常好，这是中小企业所无法企及的。中小企业或许能够立足于服务业领域，但往往很难立足于制造业领域。福特汽车公司可以在产品研发上投入几十亿美元。中小企业有这样的实力吗？一些同学可能听说过辉瑞。辉瑞是美国的一家生物制药企业，这家企业每年能在科研上投入 80 亿至 100 亿美元。我曾经购买过一家名为普强的美国制药企业的股票，因为当时我相信医疗行业有很好的发展前景。这家制药企业后来与一家名为法玛西亚的制药企业合并了。几年后，这家制药企业又被辉瑞兼并了。20 世纪 90 年代，美国企业经历了一轮巨大的兼并浪潮，不少上市企业在兼并了其他企业后成为特大型企业。波音公司对麦克唐纳-道格拉斯公司的收购就是一个典型案例，这两家公司是当时全球实力最强的两家民用飞机制造商，波音公司在收购麦克唐纳-道格拉斯公司后实力大增。这种兼并现象在制造业尤为普遍。制造业在发展到一定程度后，必然会呈现出"大而专"的特点。美国大企业的行业集中度非常高，以汽车行业为例，可能四五家企业就占据了美国近 90% 的市场份额。相比之下，中国企业的行业集中度较低，这也说明中国企业的规模都还不够大。

国际市场的不断扩大也将推动中国经济的增长。"一带一路"倡议是一个连接东西方的桥梁。从目前的情况来看，欧洲的市场已趋于饱和，中国与美洲的贸易往来也相对稳定，而"一带一路"所涵盖的国家和地区却有着较大的发展潜力。

未来我国要面对的主要挑战

总的来说，我认为中国完成经济起飞可能还需要10年或20年的时间，因此，中国经济在未来20年仍有以较高速度增长的潜力。我们这一代人是幸运的，因为我们正好赶上了中国的起飞阶段，但我们也要认识到未来所要面临的挑战。

深化改革是我们要面对的主要挑战之一。从目前的情况来看，我认为深入推进改革开放对我国经济的发展是至关重要的。党的十八届三中全会指出，要使市场在资源配置中起决定性作用。几乎所有的经济学家都对这一改革蓝图给予了高度评价，但我们也要意识到改革是一项艰巨的任务。政府对市场的监管是必要的，但如何把握好这个度，确保政府既不越位也不缺位，是一个需要我们认真思考的问题。对我们来说，国有企业改革也是一大挑战。关于国有企业改革的问题，社会上存在两种不同的观点。一种观点主张进一步提升国有企业的运营效率和竞争力，另一种观点则主张逐步减少国有企业在竞争性行业的市场份额。这一争论不仅关乎理念问题，还关乎利益问题。不少民营企业在发展过程中面临诸多困难，尤其是中小制造业企业，民营企业家的信心在一定程度上受到了打击。信心对民营企业的发展至关重要，政府需要思考如何提振民营企业家的信心，促进民营企业发展壮大。发达国家的民营企业实力强大，我国的民营企业也具备巨大的发展潜力。我们能够看到，深圳涌现出了像华为这样的优秀民营企业，但这样的企业目前还比较少。此外，创新机制的建立也是改革的重要一环。如何平衡各方利益，确保改革的顺利推进，是需要我们着重思考的问题。与早些年前的改革相比，现在我国在改革的过程中会遇到更多的问题，因为目前的改革涉及利益的重新分配。相信大家都非常关心房价，我们都认为目前的房价太高了，不能再上涨了；然而，如果政府采取了相应的措施，让房价下降20%，拥有房产的人就会提出反对意见。他们认为房价下跌就意味着资产的贬值，这是他们难以接受的。

财政税收也是一个亟待改革的领域。20世纪80年代中期，为了鼓励地方经济的发展，政府推动权力下放，将地方税的管理权下放给了地方，主要的税种包括营业税、增值税和企业所得税。然而，这种税制导致地方政府过于依赖生产领域的税收，从而引发了重复建设、产能过剩和环境污染等问题。美国只有几家主要的汽车制造商，但中国却有上百家汽车制造商，这一现象与产能过剩和重复建设有关。很多人将这些问题归咎于地方政府，认为地方政府只重视经济发展，忽视了对环境的保护。实际上，即使GDP不再成为考核地方政府政绩的指标，地方政府仍然有发展经济的动力，因为这与地方政府的财政收入密切相关。美国地方政府的税收主要来源于非生产领域，企业所得税和个人所得税加在一起也只占很小的一部分。对于美国地方政府而言，其税收主要来源于财产税（以房产税为主）和销售税。这种税制结构决定了美国地方政府的主要任务和我国地方政府的主要任务有所不同。美国地方政府不担心房价上涨，反而更担心房价下跌，因为房价下跌会直接导致税收减少。因此，美国地方政府会努力使本地区的房价保持稳定，并希望能够在一定程度上推动房价上涨。为了实现这一目标，美国地方政府会致力于改善本地区的治安状况、交通状况，并提升医疗水平和教育水平，因为这些因素都会对房价产生重要的影响。如果一个地区的治安状况不佳、交通拥堵、医疗水平和教育水平低，那么这个地区的房价必然会下跌。因此，我们可以看到，税收制度会对地方政府的行为产生很大的影响。

最近，房产税开始受到人们的关注。政府对房产税的征收会增加人们拥有房产的成本，这样一来，通过炒房谋利的人就会减少，房价就不会涨得过高、涨得过快。一些朋友曾问我现在是否适合购置房产，我认为如果是出于居住需求，那么该买就买，不必太犹豫，因为房价有可能上涨，也有可能下跌；但是如果将购置房产作为一种投资手段，那就需要谨慎考虑了。中央经济工作会议已经明确指出，房子是用来住的，不是用来炒的，这意味着政府将采取一系列限制房产投资和炒房行为的措施。目前，上海和重庆已经开始进行房产税改革试点了，未来这一政策有可能逐步落地。目前我比较担心海南的房地产市场，这片原本极具潜力的土地如今被一座座楼房覆盖，这种短视的开发方式让人痛心。在美国，再富裕的人也不会轻易地在夏威夷购买一套仅供每年度假时使用的房产。由于没有房产税这一调节手段，很多人认为持有房产的成本较低，于是纷纷购置房产，但这种投机行为对实体经济造成了极大的冲击。许多人发现，通过炒房获得的利润远远超过了辛辛苦苦做实业所赚取的利润。长此以往，我国经济的发展必然会受到严重的影响。我坚信，房产税改革势在必行。当然，我们要选择合适的时机和方式推行房产税改革。这就像割除肿瘤一样，要等到身体状况符合手术条件时才能接受手术。

培养适应未来产业的劳动力也是我国要面临的一大挑战。我们在观察美国和欧洲的经济发展趋势后会发现，随着社会的发展和产业结构的深刻变化，一部分人难以适应新的就业岗位，这种情况在美国尤为明显。许多原本从事制造业的工人进入了低端服务业，就业岗位的调整会使他们产生较大的心理落差，中国也可能面临类似的问题。随着产业转型的不断推进，一部分人需要重新选择职业。例如，进城务工人员原本分布在劳动密集型产业和建筑行业，他们主要从事的是简单的生产制造工作。然而，随着科技的发展和产业的逐步升级，一些传统产业逐渐走向衰退，自动化技术逐渐将人力取代。于是，一些进城务工人员开始从事服务业的相关工作，比如在餐馆打工。这类工作看似简单，但也需要从业者具备与人打交道的能力，这对一些人来说也是新的挑战。近年来，配送行业快速兴起，这也为大量求职者创造了新的就业机会，但随着无人机送货等新技术的发展，配送行业的从业者也需要不断接受培训和教育，以适应未来市场的变化。这就体现出了教育的重要性。

曾有一位记者问我："在教育领域，高等教育是不是我们国家目前关注的焦点？"虽然高等教育的重要性不能被忽视，但我认为当前我们国家应当将教育的重心放在初等教育和劳动人口的继续教育上。虽然我国的高等教育也存在一定的问题，但解决初等教育和职业培训方面存在的问题更为紧迫。其他国家也曾面临类似的问题。20世纪90年代，美国的许多传统产业遭受了严重的打击，如纺织行业、钢铁行业和汽车制造业，这导致大量劳动者面临失业的风险，但美国拥有较为完善的教育体系，所以部分劳动者在失业后能够很快地找到新的工作。

以美国加利福尼亚州为例，该州的教育体系呈金字塔结构。处于金字塔顶端的是加利福尼亚大学，这是一所研究型大学，属于加利福尼亚州公立高等教育体系。加利福尼亚大学设有10个校区，包括伯克利分校、洛杉矶分校、旧金山分校、戴维斯分校等。处于金字塔中上层的是加利福尼亚州立大学，它也属于加利福尼亚州公立高等教育体系。加利福尼亚州立大学有20多个校区，其教育层次覆盖本科和硕士阶段。这所大学更注重技术应用和人才培养，其教学目标是培养学生的实践技能。加利福尼亚州公立高等教育体系还包括社区大学，社区大学遍布该州的各个地区，这类学校类似于我国的大专院校，但二者之间又存在着一些差异。在我国，学生只有通过了考试才能读大专，而且大专主要面向的是年轻的学生群体；而加利福尼亚州的社区大学则完全对社会公众开放，没有太高的入学门槛，几乎所有人都可以报名学习。该州公立高等教育体系的学分制度非常灵活，学生只要修满学分就可以拿到准学士学位证书或副学士学位证书。

在美国留学期间，我在这三类美国学校都任教过。读博士时，我曾在社区大学兼职教授经济学。我授课的一处教学点设在美国的空军基地。我挺喜欢去那儿上课的，因为那里的教学环境非常好，而且设备也比较齐全，听课的学员主要是在空军基地服兵役的士兵，附近的居民也会来社区大学学习，比如卡车司机等。他们来社区大学学习的目的各不相同。经济学是一门基础课，这门课对他们未来的职业转型有着很大的帮助。一些中学生也会选择在社区大学修学分，这样他们在进入大学后就可以少修一些学分。他们只要修满60个学分并获得证书，就可以在州内的大学深造，继续攻读本科学位。加利福尼亚州的公立大学都认可社区大学的学分。给我留下深刻印象的是一位50多岁的学生，我很好奇她为什么想上大学。她说她年轻时没有时间上大学，也交不起学费，现在她快退休了，所以她想来社区大学学习。我认为，我们国家应该考虑如何让更多的人拥有接受继续教育的机会，而不是只关注对处于金字塔塔尖的大学生的培养。

我曾参观过澳门地区的一所大学，这所大学针对酒店服务开设了一些培训课程，这些课程让我印象深刻。这所大学的老师会为学生们提供酒店服务方面的专业技能培训，如铺床、做饭等。学生接受培训后就可以获得相应的证书，这将有助于他们未来的就业。这种培训通常由政府主导，因为很多企业不愿意投入时间和资源来开展培训，因此，政府就承担起了这项公共责任。澳门特区政府非常注重为市民提供技能培训，帮助市民实现就业。更值得一提的是，这种培训是完全免费的，政府不仅为学员免除了学费，还提供免费的午餐。澳门特区政府通过这种方式帮助市民实现了职业转型，提升了市民的就业能力。

进城务工人员子女的教育问题也是我比较关注的。当前，我国在进城务工人员子女的教育方面还存在一些问题。据统计，我国有近8000万名进城务工人员子女，其中大部分是留守儿童。我曾经在春晚上看到一群进城务工人员的孩子表演诗朗诵，看完他们的表演，我心里非常难受。这些城市里的进城务工人员子女可能很难获得城里的孩子所拥有的教育机会，如果他们没有机会接受良好的教育，社会问题可能就会越来越严峻。

农村地区留守儿童的教育问题也应当被重视起来。我在农村生活过9年，其间还曾担任过小学和中学的副校长。我清楚地记得，当我刚开始接手一个初中班级时，班里有18名学生，但毕业时只剩下了8名学生。尽管我教得非常认真，学生们仍然难以跟上教学进度，部分学生最终选择了辍学。农村的教育问题在过去并不突出，这与当时的社会结构和经济形态有关，孩子们即使文化程度不高，长大后仍然可以从事农业劳动并维持生计。随着社会的发展和产业结构的转型，这种情况正在发生变化。如今的农业劳动不再是简单的体力劳动，农业从业人员也需要掌握一定的知识和技能。这就意味着，如果农村地区的儿童不能接受良好的教育，他们将来可能无法适应社会的需求，无法找到合适的工作。因此，农村地区的教育问题是一个亟待解决的社会问题。有些人认为，随着生产力的提高，我们国家可以养活更多的人，即使一些人没有工作，国家也可以帮助他们解决温饱问题。但是我们必须认识到，大量人口处于无业状态是不利于社会稳定的，失业率上升会引发更多的社会问题。

在全球化时代，国际竞争愈发激烈，培养高端人才的重要性也日益凸显。在培养高端人才的过程中，教育公平和对创新人才的培养都需要被重视起来。在招生环节，如果大学将分数作为唯一的衡量标准，部分创新人才可能会被淘汰，因为那些有创造力的学生并不一定能在考试中取得高分。我国的大学目前在招生方面缺乏一定的自主权。相比之下，美国的大学则在招生方面有更多的自主权，每所大学都可以根据自己的需求设定招生标准。这些大学不会将考试成绩视为唯一的录取标准，它们会综合考虑申请者的各项表现，这种招生方式使更多成绩一般但有特殊才华或创造力的学生有机会进入大学。在中国，由于受到教育体制和招生机制的限制，大学在招生时通常参考的是统一的标准，这使得大学在选拔人才时没有太多的自主权。

当前，在我国的高等教育领域，创新发展与教育公平之间的矛盾确实存在。在顶尖学府，学术表现往往是衡量学生能力的主要标准，这在一定程度上限制了创新人才的发展，解决这一问题需要从教育体制改革入手。实际上，私立学校的改革有助于化解这一矛盾，这种做法已经在美国得到了验证。公立学校主要负责保障教育公平，确保所有学生都有平等的接受教育的机会；而私立学校则可以拥有更大的自主权，根据自身特色和需求来选拔学生。

另外，我国高等教育还存在着地区发展不平衡的问题，优质的教育资源主要集中在北京、上海等大城市。北京有将近100所大学，而深圳却只有十几所大学。近年来，深圳在教育领域采取了一系列积极措施，试图通过引进优质教育资源来弥补这一不足。北大、清华等顶尖学府纷纷在深圳设立校区或研究机构。同时，南方科技大学等本土高校的崛起也在一定程度上缓解了这一问题。

想要实现中国经济的腾飞，深化改革是必经之路。针对贸易逆差问题，我们可以通过扩大开放促进贸易平衡，从而缓解国际矛盾。这需要我们进一步深化改革，遵守国际规则，积极参与国际事务，确保国外企业在中国享受公正的待遇。我们不仅要考虑自身的利益，还要考虑如何为其他国家创造利益。例如，在"一带一路"倡议中，我们应当更加注重与共建"一带一路"国家的合作，了解它们的切实需求，以便更好地与这些国家分享我们的发展成果。总的来说，我们要秉持着"不惹事、不怕事"的原则来应对当前的国际形势。

未来20年对中国经济的发展至关重要，我国还处于起飞阶段，尚未实现经济的全面腾飞。起飞阶段往往是机遇与风险并存的时期，我们会遇到各种问题和挑战，就像乘客在飞机起飞时需要系好安全带、收起小桌板，以应对可能出现的风险一样。我对未来中国经济的发展持乐观态度，但这并不意味着我忽视了那些负面因素，我相信这些问题都是暂时的。

我们通常将人的成长过程分为未成年和成年两个主要阶段，而青春期介于这两个阶段之间。青春期是一个充满活力的阶段，但同时也是一个充满变化和不确定性的阶段。在这个时期，人们既有机会迅速成长，也有可能误入歧途。因此，对于每个人而言，青春期都是一个至关重要的阶段，父母需要给予青春期的孩子特别的关注和正确的引导。我认为中国目前正处于这样的阶段。你们这代人肩负着实现中国经济腾飞的重任，希望你们既能敏锐地抓住眼前的机遇，也能够妥善地应对随之而来的挑战。中国梦和中华民族的崛起都要靠你们这代人来实现。

2017年3月2日

（根据讲座录音整理，已经本人审阅）

第三讲

战略家的战略思维：
未来及对未来的管理

张国有

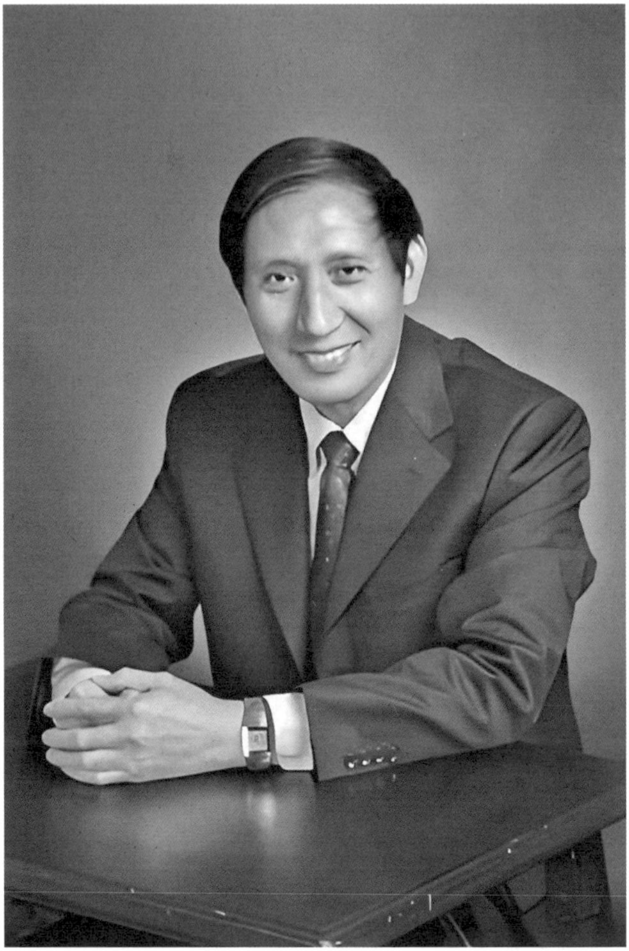

作者简介

张国有，北京大学经济学博士，北京大学光华管理学院组织与战略管理系教授，时任北京大学经济与管理学部主任、中国管理科学学会会长等。曾任北京大学经济学院经济管理系副系主任、北京大学工商管理学院副院长、北京大学光华管理学院副院长、北京大学研究生院常务副院长、北京大学副教务长、北京大学党委常委、北京大学副校长、北京大学校务委员会副主任等。教学和研究领域为管理理论、战略经营、企业文化等。曾兼任中国企业联合会副会长、中国企业管理研究会副会长、国务院学位委员会工商管理学科评议组成员等。曾获得北京大学首届科学研究优秀成果奖一等奖、霍英东教育基金会高等院校青年教师奖、北京大学教学优秀奖等。曾被评选为国家有突出贡献专家、北京市优秀教师、北京大学优秀中青年学术骨干等。

内容简介

　　人们会在很多领域用到"战略"一词。战略是面向未来的，而未来是不确定的。为了能够更好地把握未来，我们必须在当下对未来进行预测，并根据预测结果作出判断、制定战略。制定战略是战略家管理未来的一种方式，人们在制定战略的过程中需要考虑趋势、技术、规则、习惯等一系列因素。战略的制定对企业的持续发展和国家的持续发展都有着十分重要的意义。在本讲中，张国有教授从战争的本源出发，通过"视界—火炮"之说和"地图—关系"之说，带领大家认识和理解什么是战略，并带领大家思考如何用战略思维分析问题。

视 频 节 选

第三讲 战略家的战略思维：未来及对未来的管理

今天，我想与大家探讨一些有关战略管理的问题。我们将从战争的本质出发，了解战略家们对战略的看法，并进一步延伸到战略对企业管理和经济管理的意义。我认为，战略制定对企业和国家的持续发展有着十分重要的意义，同时，了解一些这方面的内容对个人的人生规划也有所帮助。

战略：预测、预断虽有不确定性，但做事前必须进行预测、预断

我们知道，战略具有全局性、长远性和模糊性，其通常涉及对事物发展的长远理解和长远规划。然而，"战略"一词的概念在近二三十年里逐渐被泛化。随着时间的推移，人们对这一概念的应用已扩展到多个领域，如国家战略、地区战略、企业战略、经济战略、文化战略、技术战略、旅游战略等。"豆腐"发展战略、"风筝"发展战略、"龙舟"发展战略等区域特色发展战略也不断涌现。究竟什么是战略？我们需要从本源出发，从事实出发。我们可以先从学术的角度对战略进行探讨，以更好地理解其本质。

2016年，特朗普成功当选美国总统，并在和奥巴马的首次会面中与其探讨国家战略和机密问题。这一事件引起了人们的广泛关注和讨论。从预测的角度来看，这次选举的结果让很多人感到意外，因为多数人认为希拉里将赢得选举。特朗普上台会对世界产生什么影响？会对中国产生什么影响？这就与战略问题有关。

人们通常会在日常生活中进行预测、预断，但预测、预断往往存在一定的不确定性。即使存在不确定性，我们也要进行预测、预断，因为我们需要根据对未来的预测、预断思考现在该怎么做。因此，我们要在当下制定战略，为未来的行动指明方向。

想要制定战略，就需要先对未来进行预测。我们如果预测得不准确，就很难制定一个成功的战略，但预测不准也是常有的事。相信在座的各位中有不少同学对特朗普当选美国第四十五任总统这件事有所关注，有的同学也许还对选举结果进行了预测。有人认为，大众判断有误可以理解，如果专业人员、权威媒体和机构的预测都出现错误，那就值得深思了。在选举结果公布前，有一位留美多年的政治学教授曾在校内的交流平台表示希拉里将当选新一任的美国总统。在选举结果公布后，他留言表示："同学们，我无颜再见大家了。"由此可见，专业人士在对专业领域的未来发展进行预测时，也难免会出现失误。

特朗普上台后，专家们还要预测特朗普政府在经济、核战争、打击恐怖主义、国际关系等多个方面可能实施的政策。有了预测和预断，人们才能考虑相应的对策。我们不能因为担心失误而不做预判。

对"战略"的界定及不同的看法

美国学者对"商事战略"的界定存在不同的看法。

迈克尔·波特在《竞争战略》一书中指出，战略是公司为之奋斗的一些终点与公司未达到它们而寻求的途径的结合物。他认为战略就是终点和途径，但管理学的研究对象也是目标、途径和方法，管理学中也有"战略"这一概念。如果我们将战略定义为终点和途径，其概念便与管理学的相关概念重合，因此，其观点不能完全令人信服。

弗雷德·R.戴维指出，战略是实现长期目标的方法。[①]长期目标需要通过制订规划、计划来实现，制订规划、计划都是实现长期目标的方法；然而，仅仅将战略定义为计划或规划也是不够准确的。

迈克尔·A.希特、R.杜安·爱尔兰、罗伯特·E.霍斯基森认为，战略是对开发核心竞争力并获得竞争优势的整套承诺和行动的整合与协调。[②]这个观点强调了战略的综合性，认为战略是一个综合性的方案，而不仅仅是由某个单一的要素构成的。这一理念是正确的，然而，将开发核心竞争力并获得竞争优势视为战略的基础也存在一定的局限性，因为竞争优势还涵盖除核心竞争力以外的其他因素，而且整套方案和行动之间的整合及协调所体现的也是管理学中目标与手段之间的关系，这一特征并不是战略所独有的。

中国学者也对战略的界定有着自己的看法。中国台湾的学者认为，对于企业而言，"战略"一词的火药味太浓，应将"战略"改为"策略"。因此，在中国台湾，很多人用"策略管理"一词来指代"战略管理"。我们究竟该如何理解"战略"一词？我认为，我们最好先从该词的本源说起，在弄清本源后，我们再考虑词义的延伸和扩展等有关问题。

"战略"一词源于战争。在战争中，制定战略的目的与土地有关，因为土地在过去是最有价值的，拥有了土地就意味着拥有了粮食，拥有了粮食就意味着人们能活下去，战争也能维持下去。因此，早期人们制定战略的目的是占领或争夺疆土。"略"字是田字旁的，加上"战"字后，"战略"一词就与争夺土地相关。后来，"战略"一词又引申出谋略的含义，这就导

---

① 戴维 F R.战略管理：第10版[M].李克宁，译.北京：经济科学出版社，2006：13.
② 希特 M A，爱尔兰 R D，霍斯基森 R E.战略管理：竞争与全球化（概念）：第6版[M].吕巍，盖丽英，蔡鹭新，等译.北京：机械工业出版社，2005：6.

致该词不仅用于战争领域，还用于商业和其他领域。接下来，我们来看看战略家是如何界定"战略"一词的。

普鲁士将军克劳塞维茨是一位非常有名的战略家，他写过很多有关战略的著作。他认为战略与战术是相对应的，两者在战争中都有其特定的作用。他在《战争论》中指出，战术是在战斗中使用军队的学问，战略是为了战争目的运用战斗的学问。他认为战争中有太多不可预测的因素，这些因素是事前无法被规划的，因此，军事领袖要有应对能力，能够在不了解情况、有时间压力的条件下作出决断。克劳塞维茨肯定了军事领袖和铁腕人物在实施战略的过程中起到的重要作用。

毛泽东是一位伟大的战略家，他曾在三大战役中展现出了非凡的战略思维能力。他在《中国革命战争的战略问题》中提到：战略问题是研究战争全局的规律性的东西。他考虑到了战略的全局性，强调了战略在战争中的重要地位。《简明不列颠百科全书》将"战略"一词定义为在战争中利用军事手段达到战争目的的科学和艺术，这一表述与毛泽东对战略的看法是相呼应的。

在很多情况下，人们在制定和实施战略的过程中需要依靠直觉和经验作出决策。有时候，战略参谋部在确定了作战方案后，统帅会根据自己的经验判断这个方案是否可行，人们很难用具体的语言来描述这种经验，但它对战略的实施至关重要。

在更高级的管理体系中，领导者会根据自己的直觉判断一个方案是否可行，然后再通过数理分析寻找依据。如果直觉判断和数理分析的结果一致，那么这个方案的可行性就比较大；如果两者不一致，领导者就要进一步分析问题出在哪儿，思考是数理分析有问题还是直觉判断有问题。

总的来说，领导者可能对战略有着独特的见解。在制定战略的过程中，军事领袖的作用是不能被忽视的。

"视界—火炮"之说

许多战略家都提出了自己对"战略"一词的见解，他们的看法对我们理解战略的本质有一定的启发作用。我们先来了解一下普鲁士军事理论家比洛的观点。比洛拥有丰富的实战经验，他认为，战略是有关在视界和火炮射程以外进行的军事活动的科学，而战术是有关在上述范围以内进行的军事活动的科学。因此，他认为战略涉及的是眼睛看不到的领域和火炮无法触及的领域。也就是说，战略和战术的区别在于，一个在视界和火炮射程之外，另一个在视界和火炮射程之内。我将比洛的这一观点概括为"视界—火炮"之说。

看不到的地方通常是指眼睛看不清的区域。决策者如果想在看不清的区域采取军事行动，就需要参照一定的依据来作出判断。人们通常采用想象、预测或逻辑判断的方法。在采用这些方法时，人们需要依赖自己的经历与经验。一个人如果曾经爬过山并到过山的另一边，就会对山那边的情况有所了解。一个人如果没有去过山的另一边，也可以通过看地图的方式想象或预测山那边的景象。总的来说，经历和经验对于战略制定而言是非常重要的，因为它们能帮助决策者更好地预测看不清的领域。

我们国家在制订规划时虽然无法准确预测未来5年的具体情况，但决策者可以依据调研、想象和逻辑判断等方式对未来5年进行规划。对于军官而言，丰富的经验和学识能够帮助他们预测战争的局势和走向。因此，对于看不清的领域，人们需要依靠自己的经验、学识和逻辑判断能力来作出决策。

在制定战略的过程中,"视界"指的是眼睛看得到的地方,"火炮"可以被视为解决问题的手段,"火炮射程"可被视为解决问题的技术能力。人们如果十分了解某个领域,能看清问题,并且有解决问题的手段,就不需要通过制定战略的方式来解决问题。人们如果不了解某个领域的具体情况,无法看清问题,也没有解决问题的手段,就需要通过制定战略来解决问题,也就是说,人们需要通过思考、预测等方式解决问题。由此可见,战略不仅涉及对看不清的领域进行预测和判断的能力,也涉及解决问题的手段和方式。

近些年,我们国家在推进城镇化。那么,我们国家在未来几年将如何推进城镇化改革呢?有些情况是我们国家未曾经历过的,因此,决策者需要在逻辑框架内进行战略思考。有专家提议将农村人口引入大城市,但也有专家认为中国的农村人口太多,让农村人口都涌入大城市并不现实。有专家提出了建设中小城镇的方案,但是让农村居民去建设中小城镇是很困难的。如果我们能发动城市居民和农村居民的力量,由城市居民和农村居民共同建设田园式的中小城镇,或许可行性会大一些。如果解决问题的手段和需要解决的问题在"火炮"能够得着的范围内,那么这些问题就不属于战略问题;如果需要解决的问题不在"火炮"够得着的范围内,我们还没有找到解决问题的方法,我们就要通过制定战略的方式去预想解决问题的方法。

"视界—火炮":方向是否清楚,是否有解决问题的手段

在战略领域中,"视界"代表着眼光,其所涉及的是方向是否清楚的问题;而"火炮"代表的是技术,其所涉及的是解决问题的手段。我们如果没有找到解决问题的手段,就要设想手段、创造手段。曾有报道

提及，美国的一个国家实验室在过去20年中专注于对高能物理的研究，同时在对新材料的研究方面崭露头角。尽管新材料被视为一个较小的领域并常被人忽视，但有关新材料的研究在近几年发展迅速。实验室要不要将新材料作为新的研究方向？这就是实验室所要面对的战略问题。

发展方向和技术手段之间存在一个逻辑上的对应关系，我们可以看一下图3-1。按照比洛的观点，超出视界范围的区域（C点右侧）是眼睛看不到的地方，在这种情况下制定的方案可被称为"战略"；视界范围内的区域（A点至C点）是眼睛看得到的地方，在这种情况下制定的方案可被称为"战术"。一个人的认识能力、预见能力和逻辑推理能力决定了其视界的范围是大还是小。我们看不到的地方通常是我们不清楚、不确定的领域。在不确定的领域，我们虽然看不清楚，但可以依据已有的认识能力和预见能力判断某件事的发展趋势和发展方向。

图3-1中B点与C点之间的距离体现的是远见与技术能力之间的差距。一般来说，技术能力所覆盖的范围往往小于远见所覆盖的范围。两者有时差距小，有时差距大，因此，B点和C点通常并不重合。总的

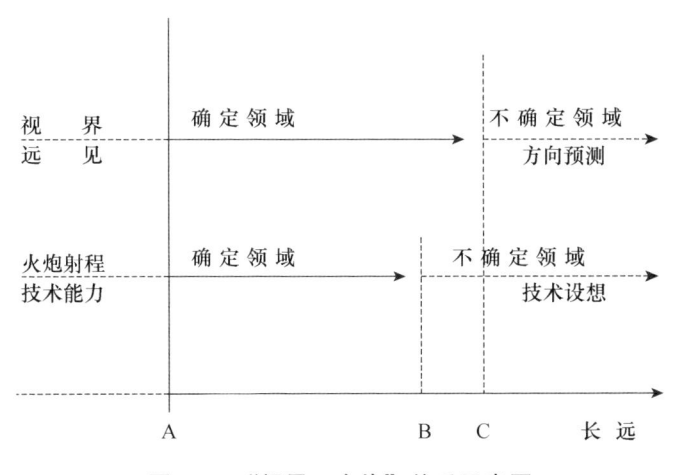

图 3-1 "视界—火炮"关系示意图

来说，超出视界范围的问题和"火炮射程"之外的问题属于战略问题，视界范围内的问题和"火炮射程"之内的问题不属于战略问题；人们能够解决的长远问题属于战略问题，人们不能解决的长远问题则不属于战略问题。

我们常常说"面向未来"，"面向未来"一词通常与对未来的规划和设想有关。"未来"通常是指尚未到来的时间。"未来"可以是下个小时、明天、下个月，也可以是下一年或下一个 10 年。实际上，未来不只是与计划有关。

有些事情是可以被计划和规划的，例如，明天中午和几个同学在哪里吃饭。如果这件事可以被确定下来，我们就可以将这件事列入计划。但是未来会发生什么事呢？现在我们可能无法给出明确的答案，也很难制订明确的计划，因为未来存在很多的不确定性。如果难以制订计划，我们可以制订长远的规划，规划不需要涵盖太多细节，有时间段、范围、设想就可以。

目前，我们国家已经出台了一些有关国家未来发展的规划，例如，全国农业现代化规划、"健康中国 2030"和"中国制造 2025"等。这些规划明确了某个领域在未来的发展方向、发展目标、发展重点等。全国农业现代化规划明确了推进农业现代化的重要性，"健康中国 2030"突出了推进健康中国建设的重要性，而"中国制造 2025"则强调了推动制造业高质量发展的重要性。这些规划的内容虽然不是非常具体，但人们已经知道应该做什么、怎么做了，所以这些规划是具有一定的确定性的。这些规划不属于战略，因为人们在制订规划的过程中已经了解了某个领域的发展方向，并且知道下一步该怎么做；也就是说，此时"火炮"处于视界和射程范围内。规划不属于战略，计划就更不属于战略了。

"位置—关系"之说

约米尼将军是一位瑞士军事理论家，他曾服务于沙俄军队。他对战争的性质、规律、战略、战术及军队建设进行过深入的理论研究和探讨。他曾指出：战略是在地图上进行战争的艺术，是研究整个战争区的艺术；战术是在发生冲突的现地作战和根据当地条件配置兵力的艺术，是在战场各点使用兵力的艺术。[①]总的来说，约米尼认为战略是在地图上进行战争的艺术。在他看来，战争不仅包括实战，还包括依据地图进行模拟和构思，这种模拟和构思通常在战争爆发之前进行。

我们可以将约米尼对战略的看法概括为"位置—关系"之说。随着科技的进步，地图从手工制作的纸板、沙盘演变为电子地图，且电子地图能够真实地模拟战场环境，但地图的基本功能实际上并未发生改变。对战略制定者来说，根据地图进行模拟是很重要的。

我们可以在地图上看到山脉、河流、树林、城市、乡村、道路等，我们可以借助地图了解位置之间的关系和距离。如果将帅根据地图来指挥战争，就要特别关注敌我双方处于什么位置、各位置之间有怎样的关系。

在战争中，将帅们都会使用到地图。例如，在第二次世界大战中，希特勒和参谋本部在计划进攻苏联时会用到苏联的地图；他们在计划攻打列宁格勒或斯大林格勒时，还会用到相应的地区的地图。

希特勒谋划攻打莫斯科的基本意图是占领莫斯科，他认为只要拿下莫斯科就可以征服苏联。有了这个基本意图后，将帅们会先在地图上进行兵力部署和战斗模拟。地图上有山脉、河流、树林、城市、乡村、道路等标识，参谋本部会根据地图对步兵、炮兵、空军和坦克等人员

---

① 姚有志.战争战略论[M].北京：解放军出版社，2005：1.

和装备进行部署。随后，将帅们会对进攻和防御进行模拟，包括何时发动进攻，先攻击哪里、再进攻哪里，各兵种如何配合等。在思考兵力部署的基础上，将帅们会进一步分析敌我关系和应对方式。将帅们会思考如何反击苏联军队，思考苏联军队可能进行怎样的军事部署，可能如何调动兵力。他们会根据苏联军队的反应明确第二轮、第三轮的应对方案。同时，将帅们还要考虑第三方力量的反应及变化，比如一些中立国家的反应。

"位置—关系"：设想位置变化，推演相互关系的变化

完成了在地图上的谋划之后，将帅们会选择一个自己认为最好的作战方案，并将其作为军队作战的依据。将帅们还可以依据作战方案在地图或沙盘上进行战斗模拟。将帅们还会根据总体构思明确具体的作战规划、作战计划等，如在几月几号之前做好进攻的准备。到了这个日期，军队就开始进攻，实际进攻一旦正式开始，战略就进入了实施阶段。

一般来说，将帅们都认为自己的基本意图和总体构思是强于敌方的，认为自己选择的作战方案可以帮助军队战胜敌方；但战争态势究竟如何变化、结果究竟会怎样，还要看实际情况的发展。在第二次世界大战期间，希特勒嚣张跋扈、不可一世，他犯了许多战略上的错误，从而导致德军在战场上不断失利。

实际上，战略制定者也可以通过设想位置的变化来推演相互关系的变化，进而思考如何获得优势地位。什么样的位置布局能形成优势？什么样的位置布局会形成劣势？什么样的位置布局会实现优势与劣势的转换？战略制定者可以通过模拟的方式来分析竞争结构的变化，并选择对自己有利的关系格局。例如，某位同学如果打算在博士毕业后到国外申

请博士后项目或谋取教职，就需要根据这个基本意图进行总体构思，这就属于个人的战略问题。这位同学要先确定自己的目标位置，也就是自己计划去哪所大学、哪个院系。同时，这位同学要提前分析自己在实现目标的道路上怎样才能处理好与学校、导师、实验室之间的关系，这就需要其考虑目标学校的需求、请谁来做推荐人、参加哪些考核等问题。这位同学如果处理不好这些关系，就无法实现自己的目标。

再打个比方，企业希望在未来几年内生产出一种新型数控机床，那么这个设想就是企业领导者的基本意图，企业领导者就要根据这个基本意图进行总体构思，为企业制定新的生产战略。企业领导者要先明确企业的目标位置，即生产哪种类别、哪种型号的数控机床。同时，企业领导者要提前思考，在达到这个目标位置的过程中，企业会经历哪些阶段，要解决哪些问题，怎样才能解决好有关研发、资金、设备、材料的问题，未来要与哪些机构开展合作。

综上所述，在制定战略的过程中，有关目标位置和位置关系的问题是战略制定者要重点关注的。如果一个方案没有明确的目标位置，那么它就不能被视为战略；如果一个方案有明确的目标位置，但没有考虑到位置关系的相关问题，那么它也不能被视为战略。

战略形态：基本意图＋总体构思

"视界—火炮"之说讨论的是战略的方向与技术，"位置—关系"之说讨论的是战略的位置与关系。从总体上看，构成战略的四个要素分别是方向、技术、位置、关系。具体而言，战略制定者要做到以下几点：一是确定基本方向，即下一个阶段要做什么；二是明确解决问题的手段；三是确定目标位置和所要实现的目标；四是处理好各种各样的与位置相关的关系，并形成基本意图和总体构思。实际上，战略的基本形态就是"基本意图＋总体构思"，基本意图和总体构思形成的逻辑关系如图 3-2 所示。

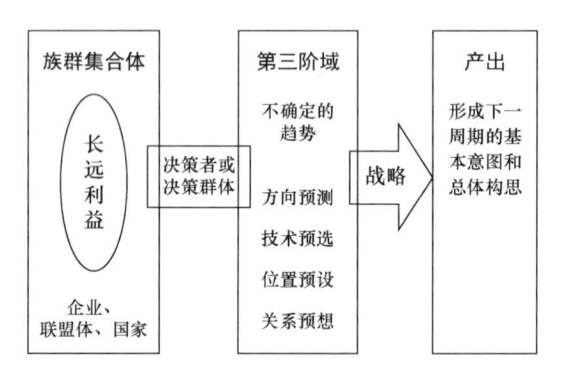

图 3-2　基本意图和总体构思形成的逻辑关系

总的来说，战略制定者会为了国家、族群、企业或个人的长远利益而进行谋划。这里所说的长远利益可能是开辟国外市场、转换研究领域、现代化转型等。战略制定者如果希望以积极主动的心态面向未来，就要在不确定的趋势中进行方向预测、技术预选、位置预设、关系预想，进而形成下一周期的基本意图和总体构思。

战略：面向第三阶域的思索

面向未来是战略的特性。那么战略处于哪个阶域呢？这是一个需要我们思考的问题。下面我们可以通过各国获取电能的不同方式来分析战略所处的阶域。

（一）处于第一阶域的德国方案

2011 年，德国政府表示，日本福岛核电站发生的事故证明核电的应用具有巨大的风险性，考虑到民众的生命安全，德国政府计划在 2022 年之前关闭德国境内的全部核电站，核能将被风能、太阳能等清洁再生能源替代。德国政府采取这一举措的基本意图是在保护民众生命安全、实现经济转型的前提下，在2022年以前关闭所有的核电站。从德国的技术能力来看，将核能发电转变为风能发电、太阳能发电是没有什么问题的；这种转变会使每个家庭每月的电费增加2.5欧元左右，民众也能够接受电费的上涨。民意调查显示，70%的德国民众支持无核化，因此，只要目标明确、技术成熟，其他问题不难被解决。由此看来，德国的方案目标清楚、位置明确，德国政府有成熟的解决问题的技术手段，处理各种关系也是比较容易的，德国政府可以依据规划或计划实现其目标。因此，德国的规划和计划处于第一阶域，其所面临的问题不是战略问题。

（二）处于第二阶域的日本方案

福岛核事故在日本发生后，日本经济产业省的一个研究小组要求政府为新能源技术的开发提供经费支持，建议日本在电能供应方面不依赖核电和化石燃料。其基本意图是建立"分散型电源社会"，提高用电效率，提倡家庭和企业实现电力自给。为了实现这个设想，研究小组建议研发新一代大容量蓄电池，并在研发完成后投入使用。目前，日本已经掌握了研发蓄电池驱动汽车的技术，然而，想要让像丰田汽车公司这样的用电量巨大的企业实现电力自给，并保证社会供电的稳定性和持续性，日本还要突破许多重大的技术难题。与此同时，由此带来的成本问题和民生问题也需要加以解决。目前，新一代大容量蓄电池的相关技术还处于研发阶段，从技术可行性、经济可行性、社会可行性等方面来看，大容量蓄电池是否能投入使用还有待验证。因此，日本的方案涉及的是试验和选择的问题，该方案处于第二阶域。

（三）处于第三阶域的美国方案

一个为美国国家航空航天局服务多年的科学研究小组发表的研究报告指出，为满足21世纪的能源需求，美国应当建立太空发电站，从太空收集太阳能资源。实现这一设想需要人们在地球轨道上放置一颗或多颗太阳能卫星，并借助微波传输技术或激光传输技术将电能输送至地球。一些专家对这一设想持怀疑态度，他们认为这一设想很难实现。研究小组认为，从目前的技术水平来看，这一设想可能在20年内具备技术可行性，在30年内具备经济可行性。该科学研究小组提出这一方案的基本意图是将太空技术、微波技术、光伏技术结合起来，使美国在全球的新能源竞争中继续占据技术优势，并帮助美国解决其长期以来存在的用电问题。从目前的情况来看，人们还无法确定实现目标的具体时间；将电能从太空输送至地球的技术难度是很大的，专家们还没有找到成熟的解决问题的手段。实现这一目标需要政府投入多少经费？电能的传输是否会造成环境污染？民众能否接受？这些问题尚未被解答。美国所遇到的问题恰恰是一个战略问题，想要解决这个战略问题，就需要战略制定者明确战略的基本意图和总体构思。

（四）三种阶域的比较

就上述情况看，处于第一阶域的方案与规划和计划有关，德国的方案就与规划或计划类似。实现核能发电向风能发电或太阳能发电的转变是具有技术可行性、经济可行性、社会可行性的，因此，该方案处于视界范围内，也处于"火炮射程"之内。只要决策者制订计划并加以实施，目标就能够实现。

第二阶域的方案与试验和选择有关，日本的方案就处于第二阶域。日本的方案主张研发大容量蓄电池，在电力供应方面不依赖核电。方案中的部分问题已经得到解决，部分问题还有待解决，该方案的技术可行性、经济可行性、社会可行性还有待验证。因此，该方案中的一部分问题在视界范围内，也在"火炮射程"之内，这部分问题不属于战略问题；另一部分问题不在视界范围内，也不在"火炮射程"之内，这部分问题属于战略问题。

第三阶域的方案与意图和构思有关，美国的方案就处于第三阶域。该方案主张建立太空发电站，目前，人们还不确定该方案是否具有技术可行性、经济可行性、社会可行性。因此，该方案所涉及的问题不在视界范围内，也不在"火炮射程"之内。人们如果想解决相关问题，就需要设想各种关系和风险，预想可能出现的结果。我们可以通过图 3-3 对处于第一阶域、第二阶域和第三阶域的方案进行比较。

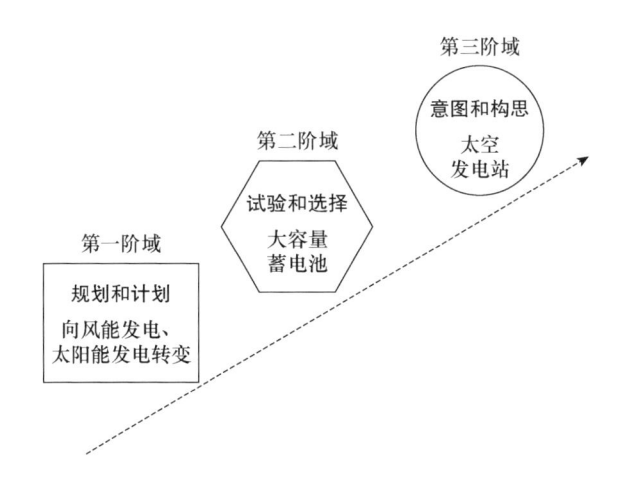

图 3-3 对处于第一阶域、第二阶域和第三阶域的方案的比较

战略家的战略思考

企业家在制定战略时需要考虑以下几个方面。

第一，远见和方向至关重要。企业家需要清晰地预见下一个阶段企业的发展方向，以及企业期望达成的目标。这种远见不仅能够帮助企业家明确前进的方向，还有助于提升团队的士气和凝聚力。

第二，重视解决问题的能力。企业家需要对现有的资源、能力和所要面对的潜在风险进行分析，从而评估未来自己是否有应对挑战的能力和有效解决问题的手段。为了保证企业能够在不断变化的市场环境中具有竞争力，企业家要及时调整应对的策略。

第三，明确预设位置与制约关系。企业家需要仔细分析企业在市场中的定位，以及企业与其他利益相关者（如竞争对手、供应商、客户）的关系。了解了相关制约因素后，企业家可以更加精准地制定战略，以实现企业利益的最大化，规避可能出现的风险。

第四，塑造领袖气质，提升领导能力。一位优秀的企业家应当具备像领袖和将军一样的领导能力和决策能力，能够在复杂多变的商业环境中迅速作出正确的决策，并带领团队坚定地朝着目标前进。

政治家同样需要具备战略思维，并在制定战略的过程中确立基本意图、明确总体构思。2016年11月9日，曾是企业家的特朗普当选美国总统。作为企业家，特朗普需要为企业的发展制定战略；作为总统，特朗普在制定政策时同样需要考虑各种类型的战略要素。作为总统，特朗普的观点和决策往往受到其在竞选过程中作出的承诺和对国际形势的判断的影响。他对中美关系、美欧关系的看法都反映了他对未来国际政治格局、国际经济格局的预测和考量。这些观点和决策不仅会影响美国自身的发展，也会对全球政治格局、经济格局产生深远的影响。当然，政治家的判断和预测也并不一定是完全准确的。

我认为，决策通常与三个因素有关。第一个因素是决策者。决策者可以是一家企业的决策者，也可以是一个国家的决策者。第二个因素是时间跨度，如 5 年后、10 年后、15 年后、20 年后或明天、下周。IT 领域发展迅速，决策者的决策周期通常较短；植树造林的周期比较长，决策者的决策周期也比较长。第三个因素是决策的内容及其影响。判断一个决策是否属于战略，就要看决策的内容是什么。前面我们提到了德国、日本和美国在电能获取方面作出的决策。德国的决策是关闭核电站，用风能和太阳能代替核能；日本的决策是研发大容量蓄电池；美国的决策是建设太空发电站。其中，美国的决策是典型的战略决策。

我们可以将企业的发展状态划分为三种类型，即一般状态、优秀状态和卓越状态。一般情况下，约有 80% 的企业处于一般状态，约有 15% 的企业处于优秀状态，约有 5% 的企业处于卓越状态。如果一家企业处于卓越状态，就意味着该企业在行业中处于领先地位。

每一位企业领导者都希望自己领导的企业从一般状态向优秀状态发展，或从优秀状态向卓越状态迈进。企业领导者需要不断思考企业下一阶段的发展方向，关注企业所在领域的前沿问题和发展趋势，从而使企业在未来的竞争中保持优势地位或取得领先地位。

在状态转变的过程中，有两种情况值得我们注意：一是有的企业领导者在主观上不想让企业从优秀状态向卓越状态迈进，因为他们对现状是比较满意的；二是企业领导者在主观上想让企业向卓越状态迈进，但由于行业内的顶尖企业竞争激烈，领导者付出了努力也无法使企业处于卓越状态。

有人认为企业领导者应当具有战略科学家所具备的战略思维。对于科学家来说，科研上的战略方向常常与个人的兴趣有关。我最近了解到有一位青年化学家在研究饥饿与觅食之间的关系。他研究的问题是：人为什么会感到饥饿？在饥饿感出现后，寻找食物的动机是怎样被激发出来的？为了探究这些问题，他对果蝇的相关表现进行了细致的观察，并得到了一定的启发。我最近看到了一份报告，这份报告对未来10年物理、化学、生物、计算机等学科的科研领域的前沿问题进行了预测。科研人员在哪些领域有所突破，取决于科研人员自身的兴趣点。在制定战略的过程中，政府部门要考虑资助哪些科研领域，研究机构要考虑研究的方向，科研人员要考虑如何寻找科研的突破口。由此可见，每个主体在战略的制定上都有不同的侧重点。

商业领域的战略思考：下一步该做什么

企业领导者常常思考企业下一步应该做什么。我们知道，韩国三星手机的销量曾稳居世界第一。三星集团的领导者可能在5年前就意识到，销量排名第一虽然是一件好事，但也意味着三星集团未来会面临巨大的挑战。其领导者认为下一个遇到困难的企业可能就是三星。谁会成为下一个世界第一呢？可能是苹果，也可能是华为。领先者迟早有一天会陷入被动。那么三星下一步该做什么呢？这就涉及战略问题了。

如今，无人驾驶技术正在蓬勃发展，并展现出了巨大的发展潜力。一些机场已经开始借助无人驾驶技术接送乘客了，乘客上车后，车辆就能自动行驶到目的地。最近我看到了一款由德国生产的无人驾驶汽车。这款汽车被设计得极为精巧，其体积适中，车轮转动灵活。在倒车入库时，汽车可以通过调整车轮的行进方向，以横向平移的方式进入车位。

更引人注目的是，这款汽车还具备与火车车厢类似的连接功能。它们可以前后相连，在公路上组成一列行驶的车队。在前车行驶时，后车可以迅速与前车对接，这种设计减少了车辆占用道路的面积。此外，针对电动汽车的续航问题，这款汽车的研发人员也提供了新的解决方案。当车辆出现电量不足的情况时，只要该车加入车队，其他车便可为该车充电。虽然某些技术和设计目前还并不成熟，但研发人员已将自己的设想付诸实践。

无人驾驶汽车在中国也有很广阔的发展前景。前段时间，有报道说，一辆无人驾驶客车在郑州到开封的高速公路上接受了无人驾驶测试，测试内容包括红绿灯响应、启停反应和障碍物避让等，测试路段的长度为30千米至40千米，据说测试进行得比较顺利。这表明无人驾驶汽车及无人驾驶技术已经成为某些企业的发展方向。

对于汽车产业的未来发展，企业领导者们常常会思考：除了"燃油汽车—电动汽车—无人驾驶汽车"这种升级路径，还有其他升级路径吗？能否让汽车飞起来？除了汽车，还有哪些适合人们出行的交通工具？这些问题都属于战略性问题。

谷歌对无人驾驶汽车进行了多年的研究，其研究成果显著，但目前这些汽车通常只能在试验道路或特定的城市环境中接受测试。在没有明确规定的情况下，无人驾驶汽车如何安全、合规地行驶成为一大难题。此外，无人驾驶汽车的事故处理也是一大问题。因此，尽管无人驾驶技术已较为成熟，但在规则不明确的情况下，其实际应用受到了很大的限制。

汽车制造公司通常会对汽车的使用寿命进行限定，有的公司将更新周期设定为10年左右，这意味着汽车将在10年后老化，车主也不得不弃旧换新，这样汽车制造公司就可以赚更多的钱。然而，从可持续发展的角度来看，产品频繁地更新换代真的有必要吗？

我在德国观察到了一种我比较欣赏的消费观念。德国人非常务实，他们并不向往豪华汽车，也不会不断地更新换代。我认识一位德国教授，他开着女儿的单门小轿车来接我，人们如果想坐到车的后排，就得从前排跨过去。很多人会觉得用这样的车接送客人会使主人很难堪，但这位德国教授却觉得这样做并没有什么不妥。德国人的这种求实、节俭、物尽其用的态度给我留下了很深刻的印象。

企业的获利需求常常与节约资源、可持续发展等理念存在冲突，在市场经济的大背景下，企业需要通过不断推出新产品来刺激消费者消费并从中获取利润，这就导致了资源的浪费和过度消耗。因此，消费者和企业都需要树立可持续发展的观念。

互联网战略："互联网+"与"+互联网"

我们已经进入了互联网时代，互联网已渗透到人们生活的方方面面，其重要性不言而喻。在企业和政府提出了"互联网+"这一概念后，"互联网+"一词开始流行了起来。有人提出这样一个问题：现实中存在不少"+互联网"的情况，但为何我们更多地提及"互联网+"，而非"+互联网"呢？这个问题问得好。实际上，"互联网+"和"+互联网"在我们的生活中都有所体现，只有将两者结合在一起，互联网的作用才能得到充分发挥。

"+互联网"通常指的是借助互联网技术创造新的生产方式或经营方式。例如，利用互联网技术注册网站，并利用网站与客户沟通、宣传推广企业的产品；利用互联网技术形成局域网或广域网；利用互联网技术控制无人机，并服务于商业活动或军事活动；利用互联网技术实现太空通信，或使太空飞行器按照指令飞行。"互联网+"强调的是互联网与各行各业的深度融合和双向互动。例如，利用互联网技术将实体销售模式转变为线上销售模式；利用互联网技术将工厂的各项设备连接起来，实现生产的自动化。"互联网+"和"+互联网"的发展已经上升为战略层面的问题，这一战略问题也引起了众多企业领导者和政治家的关注。

我在前段时间看到了一篇报道，这篇报道提到新西兰的不少商家已经开始利用无人机进行食品的配送了。这一消息迅速引发了物流从业者的关注，也有不少人在思考其他领域是否可以利用无人机进行商品的配送。从目前的情况来看，无人机的潜在作用正在被开发，各国企业都在积极思考无人机的商业价值，这也是个战略问题。

商家如果想利用无人机配送货物，就需要了解消费者的实时位置。在消费者下单后，商家需要迅速准备货物，并通过导航让无人机完成货物的配送。当无人机即将到达目的地时，系统会告知消费者无人机的具体位置及货物的接收方式。为什么新西兰允许商家在经营过程中应用无人机呢？因为新西兰计划建设无人机试验基地，并计划在法律上允许无人机低空飞行。这也是新西兰的国家战略之一。

如果缺少相应的法律法规，先进的技术成果就很难从实验室走向市场，并难以融入人们的日常生活。法律法规的制定和完善是一个漫长而复杂的过程，政府部门、企业和科研机构需要携手合作、共同努力，使这些技术能更好地为社会服务。

可持续发展：对环境、教育和生活的战略思考

一提到可持续发展，人们往往首先想到的是环境问题，这无疑是一个重要方面；然而，生存与可持续发展的核心是以人为本，我们在思考问题时应当以满足人的需求、提高人的生活质量为前提。在践行以人为本的理念时，我们需要将抽象的问题具体化，并将其细分为若干个亟待解决的现实问题。

人类最需要解决的问题主要与基本生存需求有关。例如，食物是维持生命的基础，无论是采摘、打猎还是种植，人们从事这些劳动都是为了解决温饱问题。没有食物，人类就会灭亡。同时，繁衍也是人类所要面对的核心问题，倘若人类不再生育后代，人类也将走向灭亡。

教育问题也是人们非常关注的。教育的功能是将人类过去积累的知识与技能和当代积累的知识与技能传递给下一代人，使下一代人掌握更多的知识、具备更强的能力，从而有能力去解决人与自然、人与人之间的问题。如果人类既不创造知识，也不传播知识，那么人类的能力就会逐渐退化；如果人类的能力退化到与一般动物的能力一样，人类就会走向灭亡。

环境问题也与人类的生存息息相关。对于人类的生存而言，土地、水源、阳光、空气都是不可或缺的要素。如果空气被污染了、水源被污染了、环境被破坏了，人类就难以在地球上生活下去了。如今，环境污染问题和气候变化问题已经成为全球性问题，并对人们的身体健康构成了严重威胁。同时，我们也需要认识到，环境污染还涉及深层次的社会问题、经济问题和制度问题。

一般来说，土壤、空气和雨水之间存在着一种微妙的交互关系，只有这三者在循环上畅通无阻，才能实现生态的平衡。有人说，随着水泥

路面铺设面积的快速增加，土壤、空气和雨水之间的循环被人为地阻断了。这种阻断会影响水分的蒸发和空气的流通，从而间接导致自然灾害的发生和极端天气的出现。

在地球的自我修复能力尚未被完全破坏时，某些环境问题看起来并不严重。一旦地球的自我修复能力被彻底破坏，问题就会加剧。如果人类持续破坏生态环境，人类最终的结局只能是灭亡。现在已经有人提出了移居火星的设想，甚至有的公司计划在未来将人类送往火星。这些设想无疑展示了人类的雄心壮志，但我们必须清醒地认识到，可持续发展问题是我们必须面对和解决的。在思考未来发展趋势时，每个人、每家企业、每个国家都可能有自己的视角和自己的判断，但那些全球性问题是我们无法回避的。

广西壮族自治区巴马瑶族自治县被誉为"长寿之乡"，听说村民的长寿与那里的阳光、水源和人们的饮食结构、生活方式有关。然而，参观的游客多了，那里的环境也开始出现问题，由于垃圾不断增多，人们还专门建了一个垃圾处理站。人人都想长寿，到访的游客试图通过与当地的长寿老人交流，了解他们的生活习惯和长寿的秘诀。有的当地人喝泉水、喝茶，有的长寿老人说自己每天吃一块蛋糕、每天吃肥肉，但是我们不能这么吃。每个人的身体状况是不一样的，每个人的生活环境也有所不同。我们不能简单地照搬他人的经验，将其运用到自己的身上。

未来的经营模式：战略上的选择及分阶段地规划

战略与未来发展方向、预期目标及行业趋势相关，企业需要通过预测选择有利于企业发展的经营模式。以波音公司和空客公司为例，这两大巨头在20世纪80年代对民航的未来进行了预测。波音和空客都认识到，未来民航的发展将以两种运营模式为主。

一种是以大飞机为主的从枢纽机场飞往枢纽机场的运营模式。美国的纽约、德国的法兰克福、日本的东京、英国的伦敦、中国的北京都有枢纽机场。在这种运营模式中，飞机主要在枢纽机场间飞行。如果采用这种运营模式，飞机会将大量旅客运送至枢纽机场，这些旅客再乘坐中小型飞机到达中小机场，最终到达其他的大中小城市。空客预测，在未来相当长的一段时间内，这种运营模式将会成为主流；因此，空客主张生产特大型飞机，以满足大运量的运输需求。这一战略推动了空客A380的诞生。这款飞机在民航界也被称为"巨无霸"，头等舱、商务舱、经济舱一共可搭载500多名乘客。

另一种是点对点的长途直达运营模式。这种运营模式能够满足旅客直达目的地的需求，旅客不需要在枢纽机场转机。波音预测，在未来相当长的一段时间内，这种运营模式会成为主流。波音认为，随着技术的进步，波音可以制造出一种大小适中且具备长距离飞行能力的飞机。这一战略推动了波音787的诞生。这款飞机可搭载二三百名乘客，并可实现长距离的点对点飞行。

从波音、空客的战略来看，它们在考虑未来趋势时都关注到了全球市场的需求，并明确了在何种程度上满足这些需求。波音、空客这两大航空巨头对未来的市场需求进行了预测，并成功地实施了相应的战略。当然，它们在发展的过程中也会面临一些问题。他们成功的经验、失败的教训及遇到的问题都是值得各个企业借鉴和思考的。

在对未来进行预测和管理时，我们不能盲目行动。人们对未来的预测往往是比较模糊的。一些企业家常常表示要把自己的企业打造为百年企业。实际上，这种长远目标往往是缺乏可靠性的。国内企业在与国外的合作伙伴交流时，国外的合作伙伴如果听说国内企业以打造百年企业为目标，会感到很惊奇。国外的合作伙伴会询问我们的企业家有关15年或30年后的技术发展方向、市场需求变化等问题，我们的企业家往往答不上来。这些企业家如果既不了解市场需求，又不了解企业存在的问题和解决问题的手段，怎么将自己的企业打造为百年企业呢？

我们如果难以预测几十年的长周期的变化，难以明确长期的战略方向和规划，那就可以先关注短周期的变化，也就是考虑最近5年或10年发生的事情，并分阶段地对未来进行管理。我们可以在每个阶段积累自己的优势，从而形成长期的竞争优势。我们不必制定一步到位的长周期战略，制定分阶段的、逐步推进的战略能够帮助我们更好地应对未来的不确定性。

20世纪80年代，在计算机领域，美国的IBM公司以其大型机和硬件技术闻名。随着市场需求和市场格局的不断转变，IBM逐渐意识到硬件业务的利润空间有限，而软件业务更具发展潜力。于是，IBM从20世纪90年代开始将其软件业务独立出来，并收购了一些软件公司，以加强其在软件领域的实力。这一战略调整使IBM的软件业务发展迅速。随后，IBM又发现公司的主要客户是大企业和政府，这些客户往往需要的是综合的、一站式的解决方案；如果IBM只能提供单一的产品或服务，其竞争优势将被削弱。

进入21世纪，IBM将硬件、软件及服务整合到一起，向解决方案提供商转型。IBM将咨询、设计、财务管理等服务纳入公司的业务范围。如今，IBM已经不再只是一个硬件或软件供应商了，它已经成为能够整合各种技术和服务的综合解决方案提供商。虽然在单一的硬件或软件领域，一些企业的表现可能优于 IBM，但在提供整体解决方案方面，IBM 无疑是世界一流的企业。它能够运用其综合能力为客户提供全面的解决方案，从而满足客户的需求并赢得市场的青睐。

在上海举行的一次研讨会上，IBM 的工作人员阐述了 IBM 对智能城市的深入理解，展示了 IBM 在这一领域的广泛实践。IBM 邀请了多方代表，大家在会议上共同探讨了智能城市的发展趋势。IBM 在会议上提出，物联网技术能够使汽车与汽车相互连接，从而有效缓解交通拥堵问题。同时，IBM 也向当地公安局展示了如何利用大数据和物联网技术降低城市的犯罪率，保障市民的安全。这些具体的实践案例展示了 IBM 在智能城市领域的综合实力和领先地位，这使得更多的客户选择与 IBM 合作。

IBM 的成功之处在于其战略思考始终具有前瞻性，IBM 的领导者在不断地为下一个发展阶段做准备。IBM 的领导者将 10 年作为一个周期，他们持续地思考并规划 IBM 在每个周期的发展方向。IBM 的决策和对未来的规划主要基于其对市场、技术和法律环境等多方面的深入分析和判断。IBM 的领导者不仅要考虑企业解决问题的能力和手段，还要关注法律法规、客户需求、投资者等外部因素，他们往往会在综合考虑这些因素后制定出更加切实可行的发展战略。这样一来，当下一个周期真的到来时，企业已经提前做好了比较充分的准备，能够较快地确立其在竞争中的领先地位。因此，企业领导者如果想将自己的企业打造为百年企业，就要分阶段、有步骤地进行战略思考和战略规划，而不是一次性地制定出百年的发展战略。

未来管理：团队、规则和机制问题

对未来的管理应该涵盖哪些方面？对企业而言，管理的对象包括人员、资金、生产、销售、产品、服务、软件等。对国家来说，管理关乎整个社会的运行和发展，涉及民众就业、国家安全、社会保障等领域。对学校而言，其开展管理工作的核心目标是培养人才，管理的对象包括教师、学生、后勤人员、资金、设施等。企业、国家、学校和个人都应当明确未来想要取得什么样的成绩，想要实现哪些目标。在实现目标的过程中，我们要学会借助团队的力量，并明确解决问题的手段。在此基础上，我们还需要通过一定的管理方式将技术应用于实践。

如果一支篮球队没有目标和方向，没有教练和球星的带领，团队的整体成绩很难提升。最近我经常听到人们对芝加哥公牛队、球星乔丹和球队教练的讨论。芝加哥公牛队曾在美国职业篮球联赛中多次夺冠，可见其实力非凡。在乔丹退役后，芝加哥公牛队的教练菲尔·杰克逊受到了一些人的质疑。有人认为，没有乔丹就没有菲尔·杰克逊的辉煌。菲尔·杰克逊并不服气，后来他选择执教洛杉矶湖人队，并带领洛杉矶湖人队获得了三连冠，成功地带领这支队伍迈向了新的巅峰。据说菲尔·杰克逊选择加入洛杉矶湖人队是因为他看到了这支队伍的潜力。虽然洛杉矶湖人队拥有众多球星，但一些球星忙于为广告代言。菲尔·杰克逊相信自己能够激发出这支队伍的战斗力。事实证明他的判断是正确的，他的确组建了一个优秀的团队。

团队与团队之间的关系、人与人之间的关系都要靠规则和机制来维系。在公交车、地铁、高铁、飞机等公共交通工具上，虽然人们身处同一空间，但彼此之间并没有建立起关系。然而，在企业、学校等组织中，人们知道自己处在什么位置上、应该做什么、与谁有关联、如何与他人沟通。这是因为组织中存在着使彼此相互关联的工作机制，这种机制规范着人们的行为。机制的建立对团队战斗力的凝聚至关重要。一个团队是否有凝聚力、一家企业是否能够高效运转都与机制密切相关。薪资发放方式、薪资制度、期权激励等都是机制的组成部分。不同的企业可能有不同的运行机制，企业运营效率的高低往往与运行机制的好坏有关。

20世纪90年代，一些人曾经建议和尝试将民营企业的运行机制用于国有企业，在所有权不变的情况下提高国有企业的运营效率。这就涉及运行机制的调整和转变。总而言之，人们需要认真考虑未来如何在管理方面建立科学合理的机制。实际上，机制源于规则，有什么样的规则，就会有什么样的机制。

以学习为例，有的同学早上6点就开始背英语单词，在8点前吃完早餐并准备上课，下午上完课去操场锻炼，或者去未名湖畔散步，晚上去图书馆自习。其实这种作息就是一套规则。每个同学都可以制定一套适合自己的规则。同学们如果能够将这套规则长期实行下去，就会看到自己的改变。同学们如果发现实行这套规则并未带来预期的效果，那就要考虑是否需要调整之前制定的规则。

如果人们能够长期遵守某种规则，这种规则就会转变为一种机制，进而演变为一种习惯。每个人都是独立的个体，都有不同的秉性和习惯。人与人之间的差异源于理念、规则和机制方面的差异。尽管不同的个体可能都达到了相同的目标，比如考上一所理想的大学，但每个个体实现目标的途径可能各不相同。

规则是如何产生的呢？规则来源于理念，它与我们的视野、经验和对未来的看法紧密相连。我们的视野决定了我们能够看到什么，我们能够看到什么决定了我们如何制定规则。以垃圾处理为例，人们如何制定有关垃圾处理的规则与规则制定者的理念有关。总的来看，目前存在两种主要的垃圾处理方式。第一种垃圾处理方式是焚烧和填埋，中国的大多数城市当前采用的就是这种处理方式。第二种垃圾处理方式是分类与综合利用。这种垃圾处理方式需要人们对垃圾进行细致的分类，按可回收物、不可回收物等类别进行分类后，人们还要根据垃圾的类别对垃圾进行综合处理与利用。建筑渣土经过处理后可被用于填海，废纸经处理后可被制成纸浆，经过处理的塑料瓶可成为制作塑料制品的原材料。实际上，人们如果希望有效解决垃圾处理问题，就应当思考如何从源头上减少垃圾。这意味着企业在产品设计和产品制造的过程中就要考虑如何从源头上减少对原材料的使用，如何使产品更易于被回收和处理。如果企业生产出来的产品符合环保要求，相关部门就可以适当减免这些企业的垃圾处理费。人们如果希望通过源头减量的方式改变现状，就需要制定相应的规则和标准。还有一些人提出了"零垃圾"的目标，目前已有不少人开始践行"零垃圾"的生活方式。在当前的技术条件下，人们还难以实现这一目标，但这一理念会引导人们朝着这个方向不断努力。一旦有新的技术或方法出现，人们就可以考虑如何将其应用于实践。

我们可以发现，认知停留在哪个等级，所制定的规则就处于哪个等级。视野的广度和深度决定指导思想的高度，而指导思想的高度决定着规则的优劣。

未来管理的关键部分：后方支持保障系统

企业管理者通常将自己的目光聚焦于产品或服务上，但决定产品或服务的功能、品质和成本的往往是与未来管理和发展战略有关的一系列因素。这些因素相互关联，共同构成了产品和服务的支持保障系统。因此，企业管理者除了要关注产品和服务，还要关注这些隐藏在产品和服务背后的相关因素，思考如何有效地管理和调动这些因素，以提升整体的竞争力。

我曾在北大组织过一次有关信息技术应用的研讨会，此次研讨会涉及金融、制造业、军事等多个领域。在研讨会上，我们邀请了一位将军来介绍信息技术在战争中的应用。这位将军在演讲中提到，第一次海湾战争结束后，人们对现代化战争有了新的认识；在现代化战争中，军队的目标是在尽可能减少伤亡人数的情况下确保战争的胜利。在一些情况下，地面部队还未接触，战争可能就已经结束了。在现代化战争中，军队不再以对人员的打击为目标，其最终目标是通过各种手段攻击敌方的电力系统、运输系统、网络指挥系统等支持保障系统，从而摧毁敌军的战斗能力。

人们通常认为，攻击在战争中是最为重要的，但这位将军提到了一个非常关键的观点：在现代化战争中，三分之一打攻击，三分之二打保障。如果一支军队能够摧毁敌军的支持保障系统，战斗很快就会结束。

这个观点为企业管理者带来了深刻的启示。在企业管理中，产品和服务固然重要，但后方的支持保障系统同样不可或缺，甚至比产品和服务更重要。支持保障系统涉及技术、人力资源、规则等各个方面，如果后方的支持保障系统出了问题，那么产品质量和服务质量必然会受到影响。

因此，企业管理者可以将产品与服务所在的市场视为前线战场，而支持保障系统应当为前线战场做好支持保障工作。从长远来看，企业的支持保障系统与企业的未来走向和竞争力息息相关。企业之间的竞争不仅是产品和服务之间的竞争，更是后方的支持保障系统之间的竞争。这就像战争一样，只有后方的支持保障系统足够强大，军队才能在前线战场赢得胜利。

中国的一些快餐店曾经在一段时间内经营得非常好，从店铺布置到产品质量方面都与麦当劳、肯德基不相上下。但随着时间的推移，我国的快餐业似乎逐渐失去了竞争优势，原先的几个大的餐饮品牌逐渐走向没落。我认为这些餐饮品牌逐渐走向没落并不是因为产品质量不佳或服务质量不佳，而是因为后方的支持保障系统不完善。

在海湾战争中，伊拉克的坦克与美国的坦克在性能上并无太大差异，但美国的坦克配备了卫星导航系统，这使美国士兵能够全面地掌控战场周边的环境，美国的军队也因此占据了绝对优势，但伊拉克的坦克缺少这样的配置。这也在一定程度上证明了支持保障系统的重要性。

前面我们提到了明确基本意图和总体构思对战略制定的重要意义。那么我们该如何将基本意图和总体构思转化为现实成果呢？在明确了方案的基本意图和总体构思后，我们要先对总体构思中需要被验证的部分（如技术手段的可行性、总体构思中的关键点）进行验证。如果验证后的结果达到了预期，我们就可以将方案保留下来；如果验证结果未达到预期，我们就要考虑是选择放弃还是继续验证其他方案。在完成验证后，我们可以根据验证的结果挑选出具有可行性的方案并将其纳入规划，我们还可以将规划细化为计划。计划是行动的方案，一旦计划被确定下来，我们就可以实施这项计划。在计划被实施后，如果最终的效果达到了预期，那么第一个循环就完成了。第一个循环结束后，我们需要对循环的结果进行验证，如果结果没有什么问题，我们就可以启动下一个循环。

值得注意的是，我们如果希望将战略或计划应用于实际，就必须对各项因素进行细致的分析。因为战略或计划一旦被应用于实际，就会使现状发生改变，这种改变可能带来好的结果，也可能带来不好的结果，我们要尽可能让改变所带来的结果对我们有益。

我们往往会看到这样的情况。一家企业更换了领导者后，新的领导者会制定并启动新的战略。如果领导者不经过思考和验证就莽撞地实施自己认为正确的战略，就很可能引发一系列的不良后果，这就像输血不当会使个体出现排异反应一样。我们在实施新的战略、规划或计划时要特别注意其适用性和可行性。

最近有关产业政策的争论也涉及了这个问题。如果决策者在政策未经过充分论证的情况下就将其传达下去，效果往往是不尽如人意的。因此，在将战略应用于实际的过程中，我们需要建立一套评估机制，评估新的战略是否适用于当前的情况。如果该战略适用于当前的情况，我们就可以将其应用于实际；如果该战略不适用于当前的情况，我们就需要完善或调整该战略。

2016 年 11 月 17 日

（根据讲座录音整理，已经本人审阅）

第四讲

中国经济新常态下的风险探源

孙祁祥

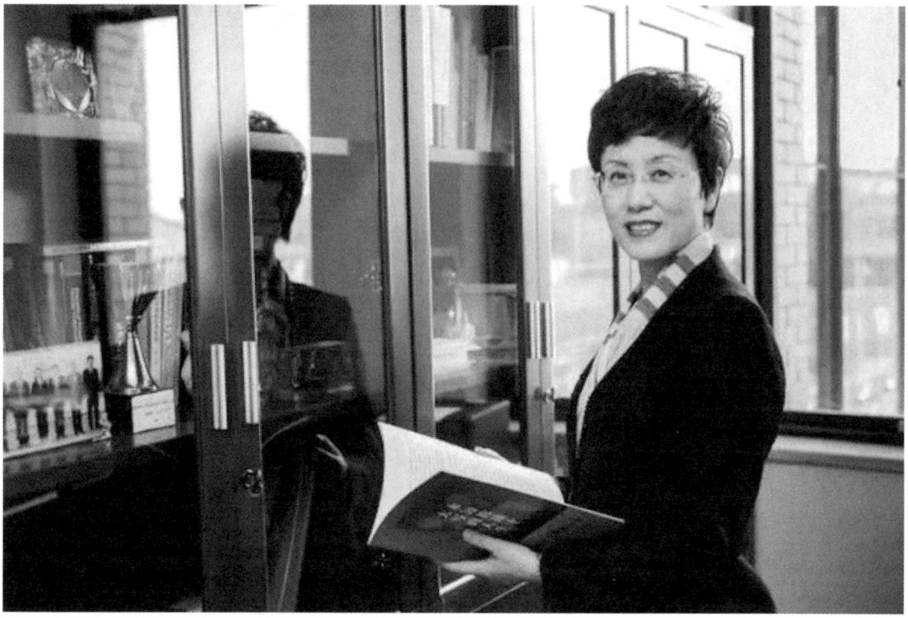

作者简介

孙祁祥，北京大学经济学院教授、博士生导师，享受国务院政府特殊津贴专家，国家社科基金重大项目首席专家。曾任北京大学经济学院院长、亚太风险与保险学会主席、美国哈佛大学访问教授、原中国银保监会国际咨询委员会委员。

孙祁祥教授在国内外重要学术刊物上发表论文200余篇，独著、主编、主译著作20余部；主持教育部、国家发展和改革委员会、商务部等部门或组织委托的科研课题和国际著名机构委托的科研课题30余项。

内容简介

  经济是影响一个国家综合国力、民生和国际地位的重要因素。中国经济的新常态是什么？中国经济在新常态的背景下面临哪些风险？在本讲中，孙祁祥教授从新常态的释义出发，在风险探源的基础上阐释了风险分析的重要性，并从现实世界出发，对中国经济社会的风险现状和趋势进行了分析。孙祁祥教授认为，中国社会所面临的风险具有综合性、交叉性和动态性，因此，中国要尽快建立起一套国家宏观综合风险管理体系和风险预警管理系统，对中国经济社会中的各项因素进行风险监控，从而降低风险发生的概率。

视 频 节 选

今天，我想和大家探讨的是中国经济新常态下的风险探源。我将从以下几个方面来进行分析。首先，我将阐述风险分析的重要性，并分享我对新常态的理解。其次，我会对国际和国内的新常态进行比较，以揭示二者的异同。再次，我将对当今社会的风险特性进行分析和总结；在此基础上，我将带领大家分析这些风险可能引发哪些社会危机。最后，我想和大家探讨的是中国社会的风险源，包括现有风险和潜在的新风险。在上述分析的基础上，我将向大家介绍建立国家宏观综合风险管理体系的重要性。

我之所以想和大家探讨这个主题，是因为这个主题与我的专业背景密切相关，目前我的主要研究方向是风险管理与保险学。2015年3月，我参加了中国发展高层论坛。中国发展高层论坛创办于2000年，它的规模在逐年扩大。中国发展高层论坛由国务院发展研究中心主办，它是中国政府高层领导、全球商界领袖、国际组织负责人和中外学者对话的重要平台，大家可以在这个论坛上共同探讨中国的未来发展走向。2015年，中国发展高层论坛的主题是"新常态下的中国经济"。在论坛的第一天，国家发展和改革委员会的一位副主任作了主题报告。在报告后的提问环节，美国财政部前部长罗伯特·鲁宾先生提出了一个重要问题——中国经济当前所面临的风险是什么？国家发展和改革委员会的这位副主任对这个问题进行了回答，但由于时间有限，他并没有对这个问题进行深入的探讨，但这个问题恰恰是我特别关心的。

在探讨中国经济所面临的风险这个问题之前，我们首先需要明确什么是风险。如果有同学学习了"风险管理"这门课程，就会知道风险的定义通常涉及很多方面。我们可以采用国际标准化组织（ISO）对风险的定义，即风险是不确定性对目标的影响。这个定义既适用于宏观，也适用于微观。在国际标准化领域，ISO是一个非常重要的组织，其定义在风险管理领域具有广泛的影响力，中国作为ISO的成员国也积极参与了标准的制定。在定义"风险"这一概念时，各国代表进行了深入的讨论，中方提出的定义最终得到了广泛的认可。这个定义可以在不同领域描述风险的特性。

在风险管理的发展历程中，我们可以看到，在第一次世界大战结束后，德国的通货膨胀和经济危机催生了企业经营管理，风险管理就是企业经营管理的一部分。随后，美国在20世纪30年代至50年代出现的一系列事件（特别是美国通用汽车公司和美国钢铁行业所出现的问题）突显了风险管理的重要性。相关事件的发生使风险管理越来越多地受到人们的关注。如今，风险管理在各大企业扮演着重要的角色。很多国际大公司都设有首席风险官（CRO）的职位。CRO负责领导企业的风险管理团队，确保企业在面对各种风险时能够有效地应对和管理风险。

风险是客观存在的，无论我们是否能意识到风险的存在，它都存在于我们的生活和工作中。人们在很多年前并没有风险管理的意识，然而，随着科技的发展和人们认知水平的逐步提高，人们逐渐意识到了风险管理的重要性。经济的发展和科技的进步造成了风险总量的增加和风险类型的多样化。与50年前或100年前相比，今天我们所面临的风险在总量和结构上都发生了巨大的变化。经济规模的扩大和经济架构的复杂化也导致了风险的复杂性和多样性。

正因为风险是客观存在的,而且其与成本密切相关,因此,风险管理在经济学中具有举足轻重的地位。在追求成本最小化和收益最大化的过程中,如果企业不对风险进行有效的管理,就可能导致成本增加,甚至导致利润受损。在进行决策时,我们常常面临取舍的问题。"两利相权取其重,两害相权取其轻",面对有利因素和不利因素,我们需要理性地权衡利弊并作出明智的选择。俗话说:"天下没有免费的午餐。"任何事情都有其利弊,我们要在评估成本、利益和弊端的基础上作出最优的选择,因此,进行风险管理是很有必要的。风险管理包含很多的步骤,识别风险是最为关键的步骤。我们只有将风险明确地识别出来,才能对其进行有效的评估和管理。我们如果无法准确地识别风险,也就无法采取适当的措施来应对即将面临的问题。因此,对于风险管理来说,识别风险是至关重要的。

接下来,我们来了解一下讲座主题的关键词之一——"新常态"(new normal)。这个词最近特别流行,从2014年开始,各种经济领域的会议几乎都会提到"新常态"这个词。实际上"新常态"这个词早就有了,它并不是最近才出现的。维基百科对这个词的定义是:之前较为反常的情况,现在变得正常和普遍。有一部美剧就叫 *The New Normal*,这说明这个词并不是近几年才被提出来的。美国太平洋投资管理公司的总裁埃里安赋予了"新常态"一个新的定义后,这个词就变得越来越流行了。

实际上,我也收集并整理了国外对"新常态"这个词的理解。"新常态"这个词最初主要与恐怖主义威胁相关。2002年,这个词在主流媒体上出现的频率相对较低,但到了2011年,这个词出现的频率迅速增加。特别是在"9·11"恐怖袭击事件发生后,人们意识到恐怖主义对国家而言是一种长期的威胁，西方社会逐渐接受了这一新常态。在"9·11"恐怖袭击事件发生10年后，恐怖主义威胁似乎已经融入了美国的日常生活，这是美国必须面对的现实。然而，随着时间的推移，"新常态"这个词的含义也逐渐发生了变化。特别是在埃里安赋予了该词新的释义之后，该词的含义开始指向经济的衰退。在2008年国际金融危机爆发后，全球经济经历了巨大的动荡和变革，"新常态"这个词被更多地用来描述经济下行、收入减少、失业增加等经济衰退现象。

中国对"新常态"一词的理解与西方国家不同。2013年的时候，国内已经存在有关该词的表述了，但直到习近平总书记在2014年5月视察河南时提出了"新常态"一词，该词才引起了国人的广泛关注和讨论。2014年11月，习近平总书记在亚太经合组织工商领导人峰会开幕式上发表演讲。他在演讲中指出，中国经济呈现出新常态，并认为中国经济的新常态有三个主要特点：一是速度的变化，即从高速增长转为中高速增长；二是结构的调整，即经济结构不断优化升级；三是经济驱动力的转变，即从要素驱动、投资驱动转向创新驱动。[①] 2014年12月，中央经济工作会议在北京召开，此次会议从消费需求、投资需求、出口和国际收支、生产能力和产业组织方式、生产要素、市场竞争、资源环境约束、经济风险积累和化解、资源配置模式和宏观调控方式等方面对中国经济发展新常态进行了全面的解释。通过对比我们可以看到，虽然我们国家和西方国家都在使用"新常态"这个词，但各国对这个词的理解存在一定的差异。

---

① 习近平在亚太经合组织工商领导人峰会开幕式上的演讲（全文）[EB/OL].（2014-11-09）[2024-03-24]. https://www.gov.cn/xinwen/2014-11/09/content_2776634.htm.

第一个不同是时态的不同。在西方国家,"新常态"一词被更多地理解为一种"现在进行时"或"现在完成时"的状态。它描述的是西方社会当前所面临的受恐怖主义威胁、经济衰退、国民收入水平下降的现实,即目前人们所面临的生存环境。在中国,"新常态"一词涵盖了当前所处阶段的情况和已发生的变化,但除此之外,该词也涵盖了与"将来完成时"和"将来进行时"有关的状况。例如,中国正在经历增长方式的转变,要从要素驱动和投资驱动向创新驱动转变,这一转变尚未完成,有的领域可能正在进行这种转变,有的领域可能还未开始转变。这是第一个不同,即时态的不同。

第二个不同是内涵的不同。西方国家对"新常态"一词的解释更加侧重于当前人们的生存状态和社会的经济现状,而中国对"新常态"一词的理解则涵盖了经济领域的各个环节和层面,包括消费需求、投资需求、出口和国际收支、生产能力和产业组织方式、生产要素、市场竞争、资源环境约束、经济风险积累和化解、资源配置模式和宏观调控方式等。这表明中国对"新常态"一词的理解更为丰富和全面。

第三个不同是意义的不同。西方国家更多地用"新常态"一词来描述当前社会的经济状况;在中国,"新常态"一词不仅与经济有关,还与国家战略息息相关。这个词目前经常被用于描述我们国家需要达成的目标和正在进行的一些改革。

我们常说,中国经济进入新常态,其最显著的特征是经济增速从高速转向中高速、经济结构不断优化升级、增长动力发生转换。这标志着中国正步入一个全新的发展阶段,但我认为这种新常态是具有普遍性的,它是世界各国都要共同面对的一种新的趋势,特别是发达经济体和大部分新兴经济体。我们要面对一种怎样的新趋势呢?我认为当今的国际社会是一个"五化"社会,即全球化社会、信息化社会、老龄化社会、金融化社会和风险化社会。

第一个特征是全球化。在全球化的背景下,世界各国之间的关系变得越来越紧密。全球化使各国经济相互依存、相互影响,从而形成了一个相互联系的网络。这种紧密的联系使得一个国家或地区发生的事情能够很快地波及其他国家或地区,并引发一系列影响,产生多米诺骨牌效应。

第二个特征是信息化。在经济全球化的背景下,以"大智移云"(大数据、智能化、移动互联网和云计算)为特征的信息科学技术的广泛运用会对许多行业和领域产生重大的、具有颠覆性的影响。我记得在1993年的时候,我曾受邀担任中央电视台的一档经济论坛节目的特邀主持人,电话在当时还没有被普及。为了便于工作,中央电视台专门为我配备了一个汉显传呼机,这在当时已经算是比较高级的设备了。在座的同学们可能无法想象,打电话在那个时代是多么困难的一件事。1994年,我第一次去美国,公司的一位总裁问我要不要给家里打个电话报平安。我不好意思告诉他家里没有电话,当时我有一位朋友家里有电话,最后我把电话打给了那位朋友。如今,我们每天都会给家人、朋友发微信,这种交流在现在的日常生活中是再普通不过的了,但这是我们在过去不敢想象的。

第三个特征是老龄化。人口老龄化、高龄化在不可避免地改变着资源、人口与劳动生产率之间的关系。毫无疑问,这也会对一个国家的竞争能力和创新能力产生负面影响。中国于1999年进入了人口老龄化社会,老龄化对我国经济的影响也在逐渐显现。目前,韩国、日本的老龄化也日趋严重,这已经成为影响这两个国家国际竞争力的重要因素。

第四个特征和第五个特征分别是金融化和风险化。金融经济、虚拟经济正在以不可阻挡的趋势发展,其高流动性、高风险性、高投机性和不稳定性对宏观经济的整体发展而言是一把"双刃剑"。如果处理得当,金融化可以推动实体经济的发展,促进国民经济的发展和社会的进步;如果处理得不好,则可能引发灾难性的后果。

当经济、政治、社会等因素交织在一起时,原本就客观存在的许多风险就会呈现出传递范围广、蔓延速度快的特征,任何一隅的问题都可能很快地演变为全局性、全球性的问题,这无疑会对中国经济结构的调整、经济发展的驱动方式产生深刻而长远的影响。以2008年美国的次贷危机为例,这场危机引发了全球性的金融危机,导致欧盟陷入困境,全球经济长期无法实现复苏。美国的经济问题迅速波及全球,世界各国的经济都受到了影响,中国的经济也受到了不小的影响。因此,在分析新常态时,我们需要充分地了解我们所处的国际社会,这样我们才能更好地分析可能存在的风险并制定应对的策略。

随着社会的不断发展,我们可以发现,社会中的不确定性和风险因素日益增多。曾有人用"3C"来描述20世纪的特征,即change(变化)、competition(竞争)、consumer(消费者)。也曾有人将21世纪的特点总结为"3C",前两个"C"没有变,但最后一个"C"变成了crisis(危机)。这一总结反映了社会快速变化、竞争日趋激烈、风险不断累积的发展趋势。如果我们不能有效地管理和防范风险,它就有可能演变为更为严重的危机。

世界经济论坛是一个在国际上非常有影响力的论坛,其发布的《全球风险报告》受到了很多人的关注。2012年,在汇集了全球469位政府官员、专家和行业领袖的共同观点后,《2012年全球风险报告》将世界范围内人们在未来 10 年将要面临的最大的几十种风险划分为五大类，这五类风险分别是环境风险、社会风险、地缘政治风险、经济风险和技术风险。2013 年，在对众多专家进行了访问和调查后，《2013 年全球风险报告》指出，世界各国最可能面临的风险包括严重的收入不平等、长期性财政失衡、温室气体排放量增加、水资源短缺、对人口老龄化的不当管理等。《2014 年全球风险报告》显示，世界各国最可能面临的风险包括重要经济体的财政危机、结构性高失业率/不充分就业率、水资源危机、严重的贫富分化、气候变化等。

2007 年，我有幸受邀参加德国安联集团组织的一场会议，多位来自各领域的专家在会议上对当今社会的一些重要问题进行了深入的分析。我是唯一一位来自亚洲的代表，其他专家来自美国和欧洲。我发言的主题是中国的老龄化问题。上午的会议结束后，我们参加了下午的活动。有人在会场上摆放了一些写有各种风险的纸张，专家们需要在最有可能出现的风险上贴上小纸条。这种意见收集方式在国外非常受欢迎，因为人们可以通过这种直观的方式来了解和评估潜在的风险。根据我的观察，西方的一些大型公司还非常喜欢采用专家调查法收集专家的意见。这种方法可以帮助企业和政府机构了解各种潜在的风险和机遇，从而作出更加明智的决策。

刚才我为大家总结了世界各国最有可能面临的几种风险。值得注意的是，中国在这几个风险点上均有所涉及。例如，2007 年，人们担心中国经济"硬着陆"可能会引发全球性经济问题。2009 年，中国经济增长速度放缓，这也被视为一个可能引发全球性经济问题的重要风险。由此可见，中国经济对全球经济的影响越来越大，中国经济所面临的风险也会受到世界各国的关注。相关部门如果不能有效地控制风险，这些风险可能会进一步恶化,最终演变为更为严重的危机。我认为,危机在近些年来呈现出以下四个重要特征。

第一,危机发生的频率越来越高。有记录的世界范围内的经济危机在17世纪只发生过1次,即"郁金香泡沫";在18世纪发生过1次,即"南海泡沫";在19世纪发生过1次;在20世纪发生过7次。进入21世纪后,次贷危机和欧债危机分别在美国和欧洲爆发。从自然环境的角度来看,近40年来,全球自然灾害的发生频率也呈现出逐年上升的趋势。

第二,危机蔓延的速度越来越快,涉及的主体越来越多。近些年来出现的一系列重大社会危机均不同程度地表现出了与经济危机类似的突破国界、实时传播、高速扩散的特征。例如,2011年的"占领华尔街"运动在美国纽约爆发后迅速蔓延至全球近千个城市。

第三,危机的交互影响越来越深,这种影响主要表现在环境危机和资源危机方面。环境危机和资源危机会通过改变自然资源的分布对地缘政治格局产生影响,从而对经济和社会的发展产生影响。历史上,曾有多个国家及地区因出现环境危机或资源危机而爆发冲突和战争。有一本书叫《新一轮全球博弈:环境、经济及政治危机将如何改变世界格局》,这本书的作者克利奥·帕斯卡用非常生动的语言描绘了世界正在经历的气候变化,并分析了气候变化是如何影响地缘政治格局的。

第四,危机所造成的损失越来越大。随着全球经济的发展和社会财富的增加,单一风险标的的价值也在不断增加,这会使每次危机所造成的财产损失逐渐增加。

在理解了风险、新常态、当前的社会特征及风险可能演化为危机的逻辑链条后,我们现在来探讨一下中国社会的风险源有哪些。这个问题涉及两个方面，一方面是已经存在的风险，另一方面是可能出现的新风险。

如果我们仅从经济的角度来看，目前存在的大量问题都会成为风险源。例如，庞大的地方债务，商业银行不良贷款率的上升，与经济发展相背离的中国股市。最近股市的行情很不错，但我们经常听到这样的疑问——为什么经济形势不好的时候股市行情较好，而经济形势好的时候股市行情反而不好？国外的专业人士认为股市是经济的"晴雨表"，但中国的股市好像和国外的股市不太一样。前两天开会时，我遇到了一位非常优秀的经济学家，我问了他对于股市的看法，他说他也看不懂。此外，扭曲的房地产市场、严重的产能过剩、制造业空心化的倾向、国企增长动力不足等问题都是潜在的风险源，处理不当就会引发危机。

如果将经济、政治和其他领域的问题都考虑在内，我认为我们国家现在亟须关注六个方面的风险源，它们分别是金融风险、"三农"风险、生态风险、失衡风险、公共风险和信誉风险。

第一个风险是金融风险。金融风险是当今人们普遍关注的问题。金融在现代经济发展中具有举足轻重的地位。如果金融体系运转良好，它可以有力地推动实体经济的健康发展；但金融体系一旦出现问题，就可能导致整个经济体系瘫痪。类似的危机在历史上也发生过。幸运的是，虽然全球爆发过几次重大金融危机，但中国并未受到太大的影响，这主要是因为我国的金融体系相对比较封闭。然而，随着经济的发展和全球化的推进，中国的金融体系必将逐渐走向开放。如果我国的金融体系不健全，就会为未来的经济发展埋下巨大的隐患。中国人民银行发布的《中国金融稳定报告（2014）》指出，2014年中国所面临的金融风险有所增加。美国退出量化宽松政策对中国金融市场造成的冲击可能比预期更大，未来中国可能会出现多种风险集中爆发的情况。此外，互联网金融的高渗透性将使风险加剧，流动性陷阱也可能引发融资困难和融资成本上升的问题。这些都是值得我们关注和防范的金融风险。

第二个风险是"三农"风险。我国是一个农业大国，"三农"问题是我国所面临的基础性问题。价格波动、需求变化和政策方面的变化会对农业的发展产生不小的影响，农业自身的属性也决定了其受自然因素的影响极大。随着农产品全球化程度的逐步加深，我国农业更容易受到全球农产品市场的影响，我国的粮食安全面临巨大的挑战。同时，农民的教育问题、农村的人口结构问题、农村的老龄化问题都较为严峻。中国已步入老龄化社会，随着经济的发展和城镇化、工业化进程的加快，农村的年轻人向城市转移，因此，农村的老龄化问题比城市更为严重。我对农村和农民有一定的了解，我曾经在农村当过几年知青，那段经历让我深刻地体会到了农民的艰辛和不易。因此，我认为相关部门必须对农村老龄化问题给予足够的关注和重视，并采取有效的措施，以保障老年农民的权益和生活质量。

第三个风险是生态风险。从生态风险的角度来看，经济发展和工业化进程所造成的生态问题是十分严重的。我们可以看到，我们国家的生态问题越来越受到人们的关注。生态问题最初主要表现为大中城市的河流污染和大气污染。20世纪90年代中后期，污染开始向近海海域和农村扩散。研究表明，生态问题造成的直接经济损失在逐年上升。如果我们不重视生态问题并有效地解决它，必然会引发更为严重的能源危机和环境危机。

第四个风险是失衡风险。失衡风险主要表现为投资与消费的失衡、城乡和区域发展失衡。长期以来，我国的消费率偏低，这也导致了投资与消费的失衡。城乡和区域发展失衡也是我国面临的一个重要问题。我国的城乡居民收入增长速度低于GDP的增长速度，城乡居民收入差距和行业收入差距较大。失衡问题还表现为城乡居民收入在国民收入中的比重偏低，劳动报酬在初次分配中的比重偏低。

第五个风险是公共风险。我国的基本公共服务体系目前在公平性和正义性方面还存在一定的问题，特别是在医疗、养老、就业、教育、残疾人保护等方面。当前，公共安全事件和群体性突发事件频繁发生，这些问题如果得不到有效解决，将成为构建和谐社会的重大障碍。

第六个风险是信誉风险。信誉风险是我国面临的重要风险之一。信誉风险通常与社会各个主体在交往和交易的过程中缺乏诚信有关。这种风险可能涉及政府、企业、社会组织和个人。对于政府而言，如果其公信力下降，就会导致人们对政府的信任度降低，从而引发一系列的社会问题。例如，一些政府官员的腐败行为会破坏政府的形象和声誉，从而引发公众的不满和质疑。此外，一些政府部门在政策和信息发布上存在透明度较低的问题，这也会影响公众对政府的信任。除了政府的信誉风险需要得到重视，企业的信誉也是不容忽视的。如今，假冒伪劣、坑蒙拐骗等问题在社会上屡见不鲜，这些行为不仅损害了消费者的利益，也破坏了企业的形象和声誉。一些企业为了追求短期利益而不惜触犯法律和道德底线，这种行为严重影响了整个社会的信用体系。企业的信誉是其核心竞争力的重要组成部分，企业只有做到了诚信经营，才能够赢得消费者的信任和支持。个人的信誉问题也不容忽视。当老人摔倒时，一些人犹豫要不要扶；在与陌生人交流时，人们会心存疑虑……这种普遍存在的不信任感会对社会的发展和进步产生负面影响。

上述风险给中国的经济安全和社会稳定带来了严峻的挑战，为了能够有针对性地采取有效的风险管理措施，我们需要深入地理解这些风险产生的根源。上述风险虽然具有不同的表现形式，但其背后的风险因素却有所交叉，我们可以将这些风险因素归结为"六大矛盾"的累积。

第一组矛盾是强国与富民。"国富优先"与"民富优先"代表了两种不同的政策导向。对于中国这样的后发国家来说，如果有政府强大的组织能力与控制力作为后盾，实行"高积累、低消费"的政策，快速进行资本积累与投资，我们国家就有希望在尽可能短的时间内缩小与先发国家的差距。根据"滴流经济学"的相关理论，在实现国家富裕的过程中，财富会自上而下地流向普通百姓；换言之，优先追求整体经济的快速发展可以为减少贫困、增进人民福祉创造条件。因此，在"双转"（产业转移与劳动力转移）的前两个阶段，"国富优先"一直是政策的主要导向。然而，我们似乎并未看到我们希望看到的结果。首先，经济增长红利向下"滴流"的渠道并不畅通；其次，国家生产能力的增长速度高于民众消费能力的增长速度，从而导致总需求不足。目前，中国已经是世界第二大经济体，但从总体上看，还有许多民众的生活并不富裕，特别是农村居民。我国长期存在发展不协调和结构失衡的问题，在以下几个方面表现得尤为突出：为了维持经济的高速增长，投资和消费长期处于失衡状态，消费率偏低；城乡和区域发展失衡，城乡居民收入和不同行业收入差距悬殊，城乡居民收入增长速度低于 GDP 增长速度；城乡居民收入在国民收入中的比重偏低，劳动报酬在初次分配中的比重偏低。不协调的发展和失衡的结构使有限的资源不能得到有效配置，经济增长长期乏力；同时，部分民众对改革产生抵触心理，从而导致社会矛盾激化。

第二组矛盾是先富与共富。改革开放的总设计师邓小平曾经在多个场合多次提到,一部分地区、一部分人可以先富起来,带动和帮助其他地区、其他人,逐步达到共同富裕。在打破"大锅饭"、克服"平均主义"的同时,由于法治建设不完善、监督体系不健全、公权失范等各种原因,我们的社会出现了贫富分化的问题,地区差距、城乡差距、行业差距都显著增加。

第三组矛盾是虚拟经济与实体经济。布雷顿森林体系的解体拆散了金融经济与实体经济的联系,金融创新使金融经济与实体经济的分离成为现实。在金融全球化的进程中,金融经济大大扩张,大量的虚拟金融资产近年来更是无节制地增长。经济学常识告诉我们,经济的发展归根结底还是要靠劳动生产率的提高,金融体系的可信度和稳定性归根结底还是依赖于从货币资产到实物资产(包含知识和信息)的转换。如果人们不能很好地处理虚拟经济与实体经济之间的关系,虚拟经济与实体经济严重脱节,金融系统必然会越来越脆弱,这在本轮国际金融危机中已经得到了有力的证明。

第四组矛盾是经济发展与生态保护。经济发展与生态保护之间的矛盾是客观存在的,这源于经济增长对资源需求的无限性和资源供给能力的有限性之间的矛盾。在过去的"双转"历程中,经济快速增长使生态资源被过度消耗,造成生态系统结构简化、功能下降;同时,经济发展所造成的环境污染破坏了生态环境的自净能力,生态平衡被打破,生态环境进一步恶化,这些问题已经威胁到了人类的身体健康与生存环境。"先污染、后治理"曾经是不少发达国家在工业化过程中走过的道路,但现实表明,我们无法再走这条老路。首先,中国不可能像西方国家那样轻易地、廉价地从发展中国家获取所需的大量能源。与庞大的出口量及本国需求量相比，中国的自然资源和所拥有的环境容量十分有限。其次，与西方国家早期工业化阶段相比，目前的环境问题不再局限于一个国家。环境问题已受到国际社会的广泛关注，我们不能够再把生态环境的恶化视作经济发展的必然代价。

第五组矛盾是经济建设与社会建设。我们的政府从未忽视过社会建设的重要性，但"以经济建设为中心"一直是"双转"的行动指南。不可否认，我国在经济建设方面取得的成就是显著的，城乡居民的衣食住行都有了很大的改善。但相比之下，我国科技、教育、卫生等社会事业的发展相对滞后，社会保障体系和基本公共服务体系仍有待完善。如果不能实现学有所教、劳有所得、病有所医、老有所养、住有所居、业有所就，人们就难以发挥自己的潜质，实现全面发展。

第六组矛盾是市场失灵与政府失灵。根据经济学研究的基本框架，政府的目标是使社会福利最大化，一旦市场失灵并造成社会福利损失，政府便可以伸出"扶持之手"来弥补不足。在"双转"的过程中，政府扮演着双重角色，这是一个我们不能忽视的问题。一方面，政府是规则的制定者，直接负责推进转型进程，并负责监督运行的结果；另一方面，政府直接参与经济活动，成为市场主体，这也使政府有了自利动机。如果政府同时伸出了"扶持之手"和"掠夺之手"，就会出现权力者利用市场机制谋求自身利益的问题，这将造成政府公信力的缺失，导致政府部门运行效率下降，腐败、商业贿赂等问题也会不断加剧。

下面我想和大家探讨的是，新常态下中国会面临哪些新的风险。想要探究这个问题，我们就要先了解目前中国处于怎样的发展阶段。

第一，中国处于从大国向强国转变的时期。对于中国来说，这是一个非常重要的时间节点，与此同时，很多新的问题和矛盾会在这一时期产生。在历史长河中，中国曾长时间占据世界经济的中心地位，中国的皇帝也曾一度傲视天下。2012年11月29日，习近平总书记在参观国家博物馆《复兴之路》展览时首次提出并阐述了中国梦。自习近平总书记提出中国梦以来，中国梦成为人们关注的焦点。这是一个激动人心的词，它唤起了人们对未来的美好憧憬。英国的《经济学人》杂志曾发表过一篇题为《习近平与中国梦》的文章。这篇文章提到，1793年英国使节马戛尔尼公爵带着一些精心挑选的礼物觐见乾隆皇帝，谦卑地希望在中国设立大使馆，而乾隆皇帝轻慢地打发了这位使节，并给英国国王乔治三世写了一封信。乾隆皇帝在信中提到，中国物产丰富，完全不需要英国的产品。后来，英国人再次来到中国，并凭借武力迫使中国开放对外贸易。

"一带一路"倡议是中国走向世界大国的重要一步。这不仅是一个宏大的构想，更是一个具有深远影响的历史性决策。与此同时，亚洲基础设施投资银行（以下简称"亚投行"）的成立更标志着中国在全球金融体系中的地位逐渐上升。2014年4月，我曾邀请当时负责亚投行筹建工作的领导来我们学院作报告。他向我透露，亚投行的筹备工作正在紧锣密鼓地进行着。我必须承认，当时我并没有认识到这件事的重要性，我甚至对亚投行的成立还存有一些疑惑。当时我在想：既然已经有了世界银行和亚洲开发银行，为何还要成立亚投行？后来我才认识到，世界银行由西方国家主导，亚洲开发银行由日本主导，而亚投行是由中国倡议成立的多边金融机构。亚投行的成立充分展现了中国在全球的影响力和号召力。我们国家主张建立亚投行有多方面的原因，其中包括中国在全球经济中的地位和影响力不断增强、国际金融体系的改革、亚洲各国对基础设施建设的巨大需求等。美国财政部前部长萨默斯也曾提出过一个有趣的观点，他认为中国建立亚投行是因为美国政府没有履行承诺，阻挠中国在国际机构中获得更多的投票权。

随着大国的崛起，国际平衡必然会发生变化，原有的国际秩序也会受到挑战。在这种背景下，作为一个综合实力不断增强的国家，中国需要面对许多压力和挑战。国际上关于"中国威胁论"的声音也日益增多，这表明中国需要更加积极地处理与外部世界的关系。中国需要处理好内部张力和外部压力之间的关系，以平等互利的态度开展对外交往，塑造良好的国际形象并承担大国的责任；但是我们也必须意识到，中国仍然是发展中国家，尽管我国的经济总量居世界第二位，但我国的人均GDP排名还较为落后。因此，中国在承担国际义务时需要把握好尺度。

确实，世界各国对中国有着不同的看法，既有质疑，也有赞美。在面对质疑和赞美时，我们应当保持清醒，不被外界的声音所左右。我们在受到赞美时要保持自信，在遭受质疑时也要保持自信。面对当前的国际形势，我们要有自己的判断力。如果一个国家比较弱小，其他国家可能不会理睬它，不把它放在眼里；但是当它强大起来后，情况就不一样了，不同的国家会对它有不同的看法。近年来，我国的国际影响力逐渐增强，但我国与周边国家的冲突也不少。有人说"弱国无外交"，现在中国富强了，也帮助了很多国家，但为什么与周边国家还存在这么多的冲突呢？可能是因为我们还是不够强大，只有当我们真的足够强大了，这些问题才能得到有效解决。我不是研究军事问题或外交问题的专家，这只是我个人的一些看法。

在从大国向强国转变的过程中，我们国家可能会面临许多新的问题，如果我们不处理好这些问题，它们可能会给我国的政治和经济带来许多负面的影响。"一带一路"倡议的提出虽然给我们带来了很多机遇，但我们要认识到这项倡议涉及很多国家的基础设施建设、商贸、人员流动和资金流动，我国和其他国家可能在经济、政治、社会、文化等方面存在冲突。应对这些冲突对我们国家来说是一项很大的挑战。

第二，我国还未跨越中等收入陷阱。世界银行在《东亚经济发展报告（2006）》中首次提出了"中等收入陷阱"的概念。很少有中等收入国家能够成功地晋升为高收入国家，这些国家往往陷入经济增长的停滞期，它们既无法在劳动力成本方面与低收入国家竞争，又无法在技术研发方面与发达国家竞争。中国现在正处于中等收入阶段。20多年前，我第一次去美国，那时我发现美国的很多衣服和日用品都是中国生产的。很多年过去了，情况发生了变化，现在的很多产品都是东南亚国家或南美洲国家生产的。中国在劳动力成本方面无法与低收入国家竞争，这也是很多世界500强企业选择将生产基地迁往劳动力成本更低的国家的重要原因之一。

中国在尖端技术的研发方面虽然取得了一定的进展，但科技成果的转化率仍然处于较低的水平。因此，我们如果不能解决这些矛盾，就很难逃离中等收入陷阱，很难迈入高收入国家的行列。处于中等收入陷阱的国家的主要特征包括：经济增长回落或停滞、贫富分化、腐败问题加剧、过度城市化、社会公共服务短缺、就业困难、社会动荡、金融体系脆弱等。虽然我们国家出现的问题并不完全与上述现象一一对应，但我们应当认识到中国所面临的风险和挑战是巨大的。

第三，中国正处于新旧转换期，这一时期是中国所特有的。我认为，中国可能需要在新旧转换期应对三个方面的风险。

第一个风险是思维定式所带来的风险。不少政府机构和企业仍保持着30多年前的那种经济高速增长、GDP至上的思维模式。我们知道，思维定式是具有惯性的，不是说变就能马上变的。例如，你在美国的马路上开车，只要是你的路权，你就可以在规定的时速内行驶，不必因为担心突然从哪里冒出行人或自行车、电动车而放慢速度；但如果你带着这种思维定式到中国的马路上开车，那就比较危险了。新常态需要新思维，而新思维的形成不是一蹴而就的；但如果我们不转变思维，新的风险就会产生。

我们面临的第二个风险是"两策博弈"加剧所带来的风险。长期以来，中央文件和政府工作报告一直反复强调发展方式转变的紧迫性、经济结构调整升级的必要性、创新发展的重要性，这些问题也是经济学家和政府各部门十分关注的问题。中国进入新常态后，全面深化改革的任务更加艰巨，各利益集团之间的冲突也将加剧。在"转方式、调结构"的过程中，原本就存在着的"上有政策、下有对策"的博弈问题将变得更为严重。人们的思维、手段、方法等是否都能进入新常态？"两策博弈"所带来的风险是否能够被消除？这些都是需要我们认真思考的问题。

我们面临的第三个风险是歪曲改革所带来的风险。改革已进入深水区，我们无疑会遇到许多新的问题。此时，我们要特别警惕一种倾向，那就是将新常态当作一个筐，什么都往里面装。比如，企业借贯彻中央八项规定之名取消员工应有的福利待遇。到了年底，企业原本应该给员工发放福利或奖金，有人却以新常态为由不予发放。员工们辛苦工作了一整年，原本有个盼头，结果却因为某些人对新常态的误解或有意曲解，使员工失去了应有的福利。这种改革又有什么意义呢？由此可见，有些人会利用这种新的提法来达到歪曲改革或阻碍改革的目的，特别是那些既得利益者。实际上，他们在通过塞"私货"的方式干扰改革，歪曲"新常态"一词的真实含义，由此让民众对改革的意图和最终目的产生疑虑。更值得警惕的是，某些本来就反对深化改革的人和既得利益集团会借新常态下出现的一些新问题和新矛盾曲解改革，平添改革的障碍，拖延改革的步伐。综上所述，在应对当前的风险和挑战时，我们必须重视宏观综合风险管理。

首先，我们需要从系统的角度认识、识别、防范和管理风险。通过前面的分析我们可以看到，当前我国面临的主要风险涉及经济、政治、社会等各个领域。经济社会是一个庞大的系统，系统内不同领域出现的风险会相互传递、广泛蔓延，而不仅仅局限于某个领域内部。我们在前面提到了收入差距的问题，如果我们放任不管，这一问题就可能演变为重大的社会问题。生态恶化看似是一个自然环境问题，但该问题同时也会严重威胁人们的生命财产安全，影响经济的可持续发展。同时，社会保障制度和医疗保险制度的不完善所带来的风险会使人们降低对未来的预期，从而影响人们当前的消费意愿，大家不敢消费是因为不知道未来会怎么样。腐败问题也不容忽视，腐败问题的加剧不仅会降低政府的公信力，造成巨额财产流失，还会从根本上破坏公平竞争的市场环境，削弱人们的创新能力，而创新正是经济社会发展的根本动力。在经济全球化不断深入、金融一体化趋势越来越明显、中国和世界的联系越来越紧密的情况下，国际社会的风险也会通过商品、资本、货币的流动传入我国，这就要求我们在认识、识别、防范和管理风险时具有全球化的视角。

其次，我们需要从动态的角度认识、识别、防范和管理风险。社会在变，风险也在变。当前中国的经济总量、社会形态与改革开放前的十几年相比有很大的差异，风险的总量、类型和结构也都发生了变化。我们可以用三句话来概括——风险总量增大，风险类型增多，风险结构复杂。既然风险在变,防范风险的手段、措施也要不断地更新,这样我们才能真正做好风险管理工作。

最后,我们要对风险有辩证的认识。任何事情的出现都会有两面性,有收益就会有风险。想要平衡收益和风险,并在保证风险可控的情况下提高收益,就需要我们做好宏观综合风险管理工作。鉴于风险的综合性、交叉性和动态性,我国应当尽快建立起一套国家宏观综合风险管理体系和风险预警管理系统,利用现代技术分析中国经济社会发展过程中的各种显性和隐性的风险因素。同时,相关部门要对各种风险的载体、主要风险诱发因素、风险的传导机制、风险的容忍度等进行认真研究,采取有助于防范、控制和管理风险的有效措施,为国家发展规划和决策提供系统的思维框架和可靠的科学依据。

讲到这,我想大家可能会觉得这个话题特别沉重,因为我今天谈到的大都是我国在发展过程中存在的问题和可能面临的风险。有的同学可能会问:"孙老师,你对中国经济的未来有什么看法?你对未来的经济发展有没有信心?"我想跟大家说,其实我对我们国家未来的经济形势还是很有信心的。为什么呢?第一,改革开放为我们现在的发展奠定了不错的基础。1978年,中国经济总量居世界第十一位[①],现在中国经济总量跃居世界第二。由此可见,中国的经济总量、经济规模在过去的几十年发生了巨大的变化,我觉得这是非常值得我们骄傲的。需要指出的是,进行风险管理的重要前提不是否定已有的成绩,而是保持自身的优势。第二,虽然我国的 GDP 增速有所下降,但是我们可以通过几个指

[①] 国家统计局.波澜壮阔四十载 民族复兴展新篇:改革开放 40 年经济社会发展成就系列报告之一[EB/OL].(2018-08-27)[2024-03-24]. https://www.stats.gov.cn/zt_18555/ztfx/ggkf40n/202302/t20230209_1902581.html.

标看到我国的经济结构在往好的方向发展。我国第三产业增加值占 GDP 的比重逐年上升，这是一个非常重要的指标。同时，我们国家的消费支出对经济增长的贡献率也在逐年上升。第三，我觉得近些年政府提出来的许多举措是可圈可点的。比如，中国梦的提出是凝聚民心的重要举措，高压反腐是打造清廉政府的重要举措，简政放权是打造高效市场的重要举措，正风肃纪是实现依法治国的重要举措。前面我提到了"一带一路"倡议、建立亚投行等，我个人认为这些都体现了我们国家的"大手笔、大思路、大胸怀"。当然，最关键的是相关部门要确保各项工作落实到位，真正地认识到我国现在可能面临的风险，并采取有效的手段来应对这些风险。

2015 年 4 月 16 日

（根据讲座录音整理，已经本人审阅）

第五讲

经济学研究在中国的发展

蔡洪滨

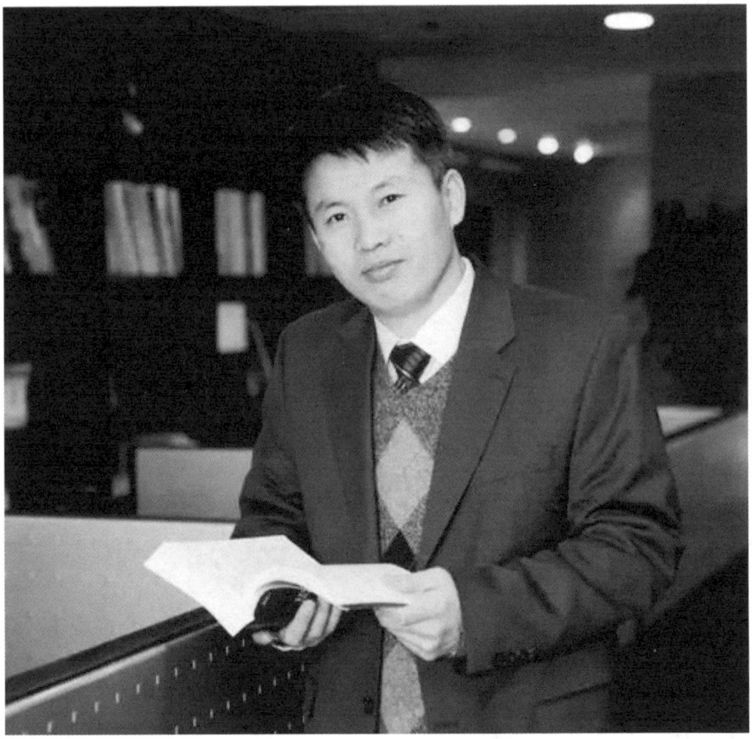

作者简介

蔡洪滨，现任香港大学经济及工商管理学院院长及经济学讲座教授。1988年毕业于武汉大学数学系并获学士学位，1991年获得北京大学经济学硕士学位，1997年获得美国斯坦福大学经济学博士学位。1997—2005年，任教于美国加利福尼亚大学洛杉矶分校。2005—2017年，任教于北京大学光华管理学院，受聘为应用经济学系教授、博士生导师，曾任应用经济学系系主任、光华管理学院院长助理及副院长。2010年12月—2017年1月，担任北京大学光华管理学院院长。2017年7月至今，担任香港大学经济及工商管理学院院长。蔡洪滨教授长期致力于博弈论、产业组织、公司金融和中国经济等领域的研究并取得了丰硕的研究成果，在经济学、金融学国际顶级刊物及国内顶级学术期刊发表多篇论文。2006年获教育部"新世纪优秀人才"称号。蔡洪滨教授为2007年国家杰出青年科学基金获得者，2008年被教育部聘为长江学者特聘教授，2011年当选世界计量经济学会会士（Fellow）。

内容简介

在中国经济发展的新阶段，经济学研究变得日益重要起来。重要经济问题的解决需要研究者进行严谨、细致、深入的经济学分析。在不同的经济体制下，经济学研究有着不同的主题和特色。中国的经济实践需要高质量的经济理论对其加以解释和概括，与此同时，经济实践也为经济学研究提供了不竭的动力和源泉。在本讲中，蔡洪滨教授从经济学研究的重要性、在中国开展经济学研究的有利条件和在中国开展经济学研究的方法要点这三个方面，带领大家了解经济学研究在中国的发展。蔡洪滨教授认为，理解中国特殊的制度环境和社会文化环境是做好中国经济学研究的必要条件。

视 频 节 选

今天我想和大家讨论的主题是经济学研究在中国的发展。我想主要从三个方面来介绍经济学研究在中国的发展情况。第一个方面是经济学研究的重要性，第二个方面是在中国开展经济学研究的有利条件，第三个方面是在中国开展经济学研究的方法要点。在座的各位同学可能有不同的学科背景，学经济学的同学可能不太多，但是我要讲的内容并不深奥，我会通过实例来详细阐述，以便大家能更好地理解。

一、经济学研究的重要性

经济学是社会科学的重要组成部分。用英文来说，经济学的终极目标是"of the people, by the people, for the people"（民有、民治、民享），这也是社会科学最核心的价值追求。改革开放以来，中国经济学的发展经历了"引进—消化—吸收—超越"的过程。20世纪80年代，我们国家的经济体制从计划经济转变为市场经济，一些现代经济学的基本概念和理念被引入中国，如市场、价格、市场机制等。这些概念的引入对中国经济改革起到了巨大的推动作用。从20世纪90年代开始，中国开始系统地引进现代经济学的教学体系和研究方法，一批从海外留学归来的学者在各大高校建立了各种研究机构。同时，北大的光华管理学院也开始进行改革，我们也引入了很多先进的教学体系和方法。随着研究队伍的壮大，中国的经济学发展逐渐进入了消化、吸收的阶段。经济学研究的氛围日益浓厚，研究成果不断增加，学术水平也在不断提高。其实我国经济学研究的基础是比较薄弱的，但正因如此，这一成就更显得难能可贵。另外，当我们翻阅一些经济学领域的顶尖期刊时，会发现来自中国的学术成果越来越多。与15年前相比，国内的经济学期刊的学术水平也有了显著的提升。总体而言，中国经济学研究的发展前景是非常乐观的。

现代经济学在中国仍有巨大的发展空间，我们的整体研究水平仍有待提高。尽管我国的研究者在国际上发表的文章数量呈现出上升的趋势，文章的质量也显著提升，但研究成果还相对较少。这说明我们的研究队伍在数量和质量上仍有待提升。在中国，真正能够基于现代方法高质量地、严谨地从事经济学研究的人才并不多。

我们如果想要评估一个学科的发展水平，除了需要关注研究成果的数量和质量，还需要关注学术社区的建设。学术社区的建设涉及学术评价体系、人才市场、学术活动交流等方面。在这一点上，我们仍处于起步阶段。不同的人可能对学术评价体系有不同的看法。对于一个经济学学者而言，国际发表更重要还是国内发表更重要？研究问题更重要还是引用量更重要？论文的创新性更重要还是其政策影响更重要？这些问题尚无标准答案。这说明我国的学术评价体系尚不清晰，我国的学术人才市场尚不健全，人才的流动尚不顺畅。从目前的情况来看，优秀的人才往往会被多个学校争相聘用，但人才竞争机制尚未真正建立起来。尽管《经济研究》等期刊的学术水平在不断提升，但我国经济学期刊的总体水平并不高。许多领域的研究工作要么尚未开始，要么刚刚起步。因此，中国经济学研究的许多方面仍有待进一步深化和拓展。

我们可以看到，中国近期加大了反垄断法的执行力度。中国的反垄断法成形于2008年，其主体框架延续了国际反垄断法的基本体系，这一体系有着悠久的发展历史。美国和加拿大的反垄断法在100多年前便已存在，当时的反垄断法被称为"antitrust"，该词又被直译为"反托拉斯"。在很久之前，美国的许多行业存在垄断现象，特别是铁路行业。铁路公司的老板们会共同商讨如何瓜分市场、确定运价等，这种行为被称为"trust"（托拉斯）。这种垄断行为引起了民愤，因此，美国国会通过了反垄断法，并将此类行为视为非法行为。

从国际层面上看，反垄断法的发展很好地体现了经济学分析的引入。在判断企业行为是否违反反垄断法时，我们不能仅仅基于个人或一部分人的主观感受，而是要基于一种科学、合理的标准。对于企业的垄断行为和并购行为，哪些应该被禁止，哪些应该被允许？人们在作出判断前应进行经济学分析。我们不能因为企业的行为损害了某些人的利益就去禁止这种行为。很多企业的行为都会引起一部分民众的不满，那这些行为是不是都应该被禁止呢？如何确定这个标准？这就需要研究者深入分析法律的逻辑基础和经济基础。这给相当多的经济学家带来了挑战，相关讨论推动了法律的逻辑体系的发展。

在国际上，美国和欧盟的反垄断案例都采用了相似的分析体系。研究者需要对每一个案例中正方和反方的行为和观点进行极为严谨的分析、判断和论证。如果一个案例较为复杂，研究者还需要构建理论模型，并根据相关数据分析某个行为对消费者、企业及其他竞争对手的影响。以上分析为执法提供了重要的依据。同时，正反双方的激烈辩论使分析得以进一步深化。这种方法已经得到了国际社会的普遍认可。因此，美国和欧盟的反垄断部门都聘请了相当多的经济学家来提供专业意见，这些经济学家的参与使反垄断法的制定更具科学性。值得注意的是，对于中国而言，随着经济的快速发展、国际贸易往来日益频繁、国内市场逐步完善，反垄断法的重要性愈发凸显。反垄断法的健全和完善需要在大量经济学研究和分析的基础上进行。然而，在我们国家，在反垄断经济分析方面做得比较好的经济学家还比较少，这意味着许多经济学领域的研究工作在中国刚刚起步。

在我看来，经济学研究对于当下的中国而言是至关重要的，这与经济学的发展历程紧密相关。在20世纪80年代，人们要面对的核心问题是经济体制的改革。当时，有关计划经济与市场经济的争论成为焦点，这些争论更多是理念层面的交锋。在目前的社会环境下，市场经济的重要性已无须赘述。经济学家和政策制定者都深知市场在资源配置中的决定性作用。当前，中国经济形势日益复杂，改革进入深水区。相关研究者需要不断提升经济研究水平，以更好地理解、分析和判断诸多重要经济问题。

说到重要的经济政策，我可以举几个例子。春运和我们每个人都息息相关。在春运期间，车票的价格问题总会受到人们的关注，车票需求量激增总是会引发人们对票价是否应当上涨的讨论。票价在春运期间该不该上涨呢？这一问题背后存在着怎样的经济学逻辑呢？有的人可能认为，票价上涨可以让最需要车票的人买到车票，这些人愿意付出更高的成本，不涨价就没办法保证这一点；如果所有人都去买票，就没有办法保证最需要车票的人买到车票。我认为这个观点是错的。这就好像一个人得了重病，他需要去医院看病，但是他如果没有钱，还是照样看不起病。如果一个人特别需要回家，但票价涨得很高，他还是会因为票价太高而回不了家。

很多经济学家认为春运期间票价应该有所上涨。他们认为调节市场价格是调节供需的基本手段。如果供不应求,就应当让价格高一点;如果供大于求,价格就应当下降一些。他们认为这样做就能够实现供求的平衡。每年春运的时候都会有很多著名的经济学家对这个问题发表看法,但是我认为一些人的经济学分析是错误的。价格调节的确是最有利的调节供需的工具,但前提条件是供需关系必须对价格变动做出反应。如果供需关系无法对价格变动做出反应,那么价格调节是无法有效地调节供需关系的;此时,价格调节只能起到调节利益分配的作用。在经济学中,供需曲线是描述价格与数量之间的关系的常用工具。在理想情况下,市场需求曲线和供给曲线相交于均衡点,此时价格和数量恰好能够实现平衡。然而,某些市场的供给是固定的。如果供给是固定的,我们该如何调节价格?在春运期间,相关部门已经调用了所有的运力,因此总供给量是不会对价格变动做出反应的。此时,价格的调整只能决定谁能坐火车、谁不能坐火车。票价上涨使运营公司的利润增加了,但运量并未增加。从经济学的角度来看,"春运期间车票要不要涨价"似乎是一个充满争议的话题。然而,许多人在支持涨价时并没有对问题进行深入的分析,他们只是简单地套用了经济学的一般原则。不少反对涨价的人并未指责这种错误的经济学分析,他们只会认为涨价是不道德、不公平的。因此,我认为我们如果用经济学的原理去分析这个问题,那就要先对相关的经济学原理进行深入分析,对问题的具体情况进行深入分析。

尽管大多数人可能并未深入学习过经济学,但大家如果读过一些文件或参加过一些论坛,可能会经常听到这样一句话——中国的经济增长靠"三驾马车"。这"三驾马车"分别指的是投资、消费和出口。一些人认为,如果中国的经济增长模式出了什么问题,就是由"三驾马车"

失衡导致的；只要让"三驾马车"齐头并进，就能确保经济增长的稳定性。然而，从经济学的角度来看，这种观点其实存在严重的问题。宏观经济的语境中存在两个截然不同的概念——短期经济波动和长期经济增长，我们不能将二者混为一谈。短期经济波动是指经济活动的短期起伏，类似于人体体温的变化。长期经济增长则涉及国家经济的可持续发展，这就像一个人想要跑好马拉松就要增强自己的体质。人们经常提到的"三驾马车"实际上是一种衡量短期经济发展平衡性的参数。

我们可以看到，很多人在理解政策时没有弄清楚其背后的经济学概念，类似的例子有很多。很多人指出了中国经济结构失衡的问题，但是他们未能明确指出失衡的原因。随着中国经济的快速发展，我们对高质量经济学研究成果的需求愈发迫切。对于重大经济问题，研究者需要进行更深入、更全面的分析，以提供更为准确的政策建议和更为有效的解决方案。同时，我们必须认识到，中国经济学研究仍处于发展阶段，仍有许多领域需要研究者进一步探索和拓展。

二、在中国开展经济学研究的有利条件

中国的经济体量庞大，中国的经济发展具有多样性与复杂性，这为研究者提供了大量重要且有趣的研究问题。无论是地域间的差异、不同企业和商业形态的发展，还是中国特有的经济市场环境，都为研究者提供了广阔的研究空间。研究者如果用心寻找，就可以获得非常宝贵的数据。虽然宏观数据有时并不一定准确，但微观数据是比较可靠的，这些数据对于开展经济学研究是非常有帮助的。在中国，研究者可以相对容易地获取大量的微观数据，在其他国家获取微观数据的难度是比较大的。

中国的研究者往往有机会采用更具创新性的研究方法，关于这一点，我想举一个例子。学理科的同学经常做实验，比如物理实验、化学实验。经济学领域的研究者能做什么样的实验呢？经济学是一门社会科学，对于社会科学来说，做实验是很困难的，因为社会是由形形色色的人组成的，我们很难像在实验室里那样对各种因素进行精确的控制。但近些年来，一些经济学家已经突破了这一局限。在早期，人们会在实验室、机房开展各种各样的行为实验，比如博弈论的发展就和实验经济学密不可分。研究者会设计一些与理论模型相关的游戏，让参与者在实验室进行互动博弈，研究者可以观察实验结果是否与理论预测相符。

最近几年，经济学研究在实验方面又取得了新的进展，实地实验逐渐受到人们的关注。实地实验不局限于实验室环境，研究者可以将实验延伸到现实经济环境中，这便于研究者观察和评估人们真实的经济行为。这种实验方法对验证理论的有效性和说服力具有重要意义。实地实验在近些年发展得非常快。一般来说，研究者很难在发达国家开展实地实验，因为发达国家的民众对隐私权的重视程度较高，开展实地实验可能会侵犯他们的隐私，容易引发法律纠纷。此外，在发达国家，说服企业和机构参与实地实验是相当困难的，因为开展实验需要企业和机构投入大量的时间和资源，其付出的成本会比较高，执行难度也比较大。相比之下，中国的研究者拥有更好的实验条件。中国的研究者如果有好的想法和机会，可以开展很多非常有趣的研究。

为了进一步说明中国研究者在经济学研究方面具备的优势，我想通过几个具体的例子来展示实地实验的实践和应用。当然，这些例子并不能展现这一领域的全部成果，但它们确实展现了中国经济学研究的某些独特之处。

我想先分享一个关于"羊群效应"的研究，这个研究由我和我的同事陈玉宇、方汉明共同完成。我们想通过实验探究"羊群效应"背后的机制。在学界，有一种观点认为，人们的"羊群行为"是一种盲从的、非理性的社会心理行为；而另一种观点则认为，这种行为的背后隐藏着一定的理性。我们设计了一个实验来探究哪种观点更符合实际情况。实验结果显示，人们之所以会出现"羊群行为"，可能是因为在判断某件事时缺乏足够的信息，于是人们会通过观察他人的行为来进行推测。例如，当我们想在陌生的城市找餐馆吃饭时，如果看到很多人在对面的餐馆排队，而自己选择的餐馆没什么人就餐，我们可能会犯嘀咕，思考为什么那家餐馆那么受欢迎，自己选择的餐馆为什么人这么少。人们通常会认为，如果大家都去做一件事，就说明这件事是有价值的，因此自己也应该去做这件事。这种思考过程其实是一种源于本能的推断，即通过观察他人的行为来推测背后的信息。"羊群效应"反映了多种机制，而理解这些机制对于揭示某些经济现象至关重要。

我们知道，在餐馆点菜时，熟悉的环境会使我们轻松地作出选择，而不熟悉的环境则会让我们在点菜时犹豫不决。为了揭示"羊群行为"的影响因素，我们在北京的餐馆做了一项实验。在实验中，我们为餐馆设计了不同的桌牌，有些写着"最热门菜品"，有些写着"推荐菜品"，还有些桌牌什么都没写。在实验开始前，我们收集了每桌的点菜记录和消费记录，并让服务员询问顾客的体验和感受。在实验进行了一段时间后，我们再次收集了大量的数据。在中国开展这样的实验是比较容易的，我们和餐馆的合作也很愉快，这次实验也可以帮助餐馆更好地了解客户的需求。在这次实验中，我们并未投入太多的实验成本，实验也开展得比较顺利。最终，我们在《美国经济评论》发表了这次实验的研究成果。

后来，我和陈玉宇、方汉明、周黎安开展了一项规模更大、难度更高的实验，这次实验旨在研究农业微观保险对农民行为的影响。我们知道，小额贷款在前一段时间热度很高，但现在它的热度已经有所减退了，原因之一就是小额贷款的有效性受到了一些人的质疑。当我们将目光投向经济不发达、人民生活贫困的地区时，小额贷款似乎为这些贫困人口提供了发展生产、改善生活的机会。然而，无论是养猪还是种植农作物，这些地区的人们是否具备足够的经营能力和知识？这是值得我们关注的问题。同时，一些借款人在获得贷款后由于种种原因无法有效利用贷款。此外，一些贷款机构为了避免承担风险、实现可持续发展，将利率上调至30%，使贷款变成了高利贷。贫困地区的农业生产风险极大，一旦遭遇天灾人祸，人们原本的努力便只能付诸东流。在中国的农村贫困地区，许多家庭因灾害或疾病陷入贫困，这说明这些人抵御风险的能力是非常有限的。对于这些地区的人们来说，保险或许能帮助他们提高生活水平。保险对农民究竟有没有用，作用有多大？这是一个值得深入研究的问题，世界各国的研究者都在关注这个问题。

几年前，我国的一些地区发生了严重的冰灾，冰灾导致大量的猪死亡。养猪存在一定的风险，如果猪死了，农民的生活会受到不小的影响。为了应对这个问题，一些地方政府推出了生猪养殖保险政策，并给予农民补贴，鼓励农民购买保险。农民在购买保险后就可以更加放心地养猪了。这个政策的效果究竟如何？我们去农村做了调研，农民们都很认可这种保险。

为了进行经济学分析并探讨政策带来的效果，我们需要排除其他因素的干扰，避免夸大政策的影响。为此，我们设计了一项实验。我们选择了某个县的480个村子，并将它们随机分为若干组。我们为不同组的畜牧员提供不同的小额补贴。有的村多保一头猪，我们就多给畜牧员 2 元的补贴；有的村多保一头猪，我们就多给畜牧员 4 元的补贴；有的村的畜牧员没有补贴。不同的激励机制意味着畜牧员推广政策的积极性会有所不同。我们观察了不同的组在 3 个月后和 6 个月后养猪数量的变化，并对政策的实际效果进行评估。

我的同事们也做过几项实验，我觉得他们开展的实验也非常有意思。我的几位同事想要研究社会网络中人际关系的外在性，即一个人的行为或决策是否会受到其社交关系的影响。在这次实验中，我的同事们找了很多北大的学生，并对他们进行培训，让他们装作病人去医院看病。我的同事们还要求一部分学生在看病时带一个很便宜的小礼物，比如一个书签，在看病时对医生表达感谢和善意；另一部分学生则不会带这种小礼物。我的同事们想研究在病人通过某种方式表达善意的情况下，医生是否会更加关心病人，更加认真地给病人看病。他们的研究还关注了另一个问题，即人们的关系在社会网络中是否具有传递性。为了研究这个问题，他们让两组学生去看病。一组学生态度友好并给医生送了小礼物，这个学生告诉医生，排在他后面的同学和他有同样的问题，并希望医生也为后面的同学看看。在另一组中，第一个学生给医生送了礼物，但没有告诉医生排在后面的人是自己的同学。我的同事们想通过这项实验探究在社会网络中一个人对另一个人的好感是否具有传递性。在这项实验中，医院并不知道实验的具体内容，学生们可以直接去医院看病。因此，只要实验设计得足够巧妙，研究者就可以对实验中的各种因素进行调整。

中国的研究者们拥有许多开展研究的便利条件。在中国，研究者如果有好的想法，将想法转化为现实是相对容易的。我想和大家强调的是，中国的研究者有许多开展研究的有利条件，大家可以借助这些条件开展研究，充分发挥我们所具备的优势。无论是从研究需求的角度来看，还是从研究条件的角度来看，未来中国经济学研究的发展空间应该是非常大的。

三、在中国开展经济学研究的方法要点

在中国开展经济学研究有一些方法上的要点，我想和大家分享一些自己的体会。研究中国的经济问题需要研究者深入理解中国特殊的制度环境、市场环境和经济发展阶段。

经常关注经济学研究的人会听到有关现代经济学是否适用于中国的讨论。针对这一问题，学界存在两种比较极端的观点。一种观点认为，经济学原理放之四海而皆准，因此，现代经济学当然适用于中国。我们可以看到，有的研究者会在讨论中国经济问题时简单地套用一些经济学的相关概念，并运用国外的模型或数据分析方法来分析中国的数据。简单地套用国外的数据分析方法显然是有问题的，这样做研究也不会得出有意义的结果，甚至可能会得到错误的结果。大家如果读过一些研究中国经济的文章，就会发现不少研究者并不了解中国的实际情况，他们的观点实际上是站不住脚的。还有一种观点全盘否定了现代经济学在中国的价值。这一观点的支持者认为现代经济学研究主要基于西方的经济现实和制度环境，因此，现代经济学不适用于中国。

有些人认为中国应该建立一套完全不同于其他国家的经济学理论体系，将一切推翻重来。我认为这种观点也是极其错误的，甚至是非常危险的。从某种意义上说，建立中国的经济学体系并没有错，中国的经济学家也有很多自己的理论体系，但这些体系往往缺乏共同的理论基础和

理论框架，人们难以达成共识。现代经济学的分析方法和理论框架已经经历了历史的检验，其基本原则和方法是适用于我国的市场经济的。这就像盖房子一样，如果房子盖歪了，我们不能认为力学原理有问题，而是应该思考如何正确地应用力学原理。如果我们看到别人盖了一栋楼，并按照同样的方式打地基，忽略了地质条件的差异，这栋楼就会出现问题，这是因为我们没有结合实际情况进行更好的设计和分析。因此，在判断某个原理是否适用时，研究者应当对具体情况进行深入的分析。

总的来说，以上两种极端的观点显然都是错误的，但是这对研究者来说又是一种机会。在市场经济的大环境下，相当一部分基本原则和分析方法是有效的，但是还会有一些新的研究问题不断产生。在不同的制度环境下，这些基本原理和分析方法有不同的表现形式和意义。研究者如果能在不同的制度环境下运用正确的方法开展研究，就会有很多新的发现，这就是所谓的研究机会。中国特殊的制度环境为研究者开展研究提供了机会。好的研究基于好的研究方法，研究者只有在深入了解中国特殊的制度环境对经济现象的影响后才会有新的发现。自然科学和社会科学的发展在本质上都遵循着一种规律——先研究一个现象，得出一部分理论，然后发现该理论在另一个现象中不完全适用，再依据新的现象对理论进行修正。这是理论构建的基本逻辑。研究者除了要考虑制度环境对经济发展的影响，还要考虑文化环境对经济发展的影响。

从方法论的角度来看，研究者需要认识到我国的经济问题具有特殊性，许多问题具有很强的复杂性，这与我国的制度环境和文化环境有关。因此，在研究复杂问题时，研究者可能需要采用多个不同的方法。经济学的研究方法包括理论分析、实证研究、访谈、调查和实验等。我个人并不完全认同目前经济学研究过于专业化的倾向，已有的部分经济学研究在方法运用上也过于单调。目前，经济学在国际上的发展往往表现为做理论的只做理论、做实证的只做实证，理论和实证结合得还不是很紧密，这也会使研究者对问题的分析不够深入。

在研究微观经济问题时，研究者需要想到，同样一部法律、同样一个制度在不同地区可能会产生不同的执行效果。在某些国家，一部法律或一个制度在出台后基本上都能够得到执行，各地区、各企业在执行上表现出的差距相对较小；但中国的情况可能有所不同，即使面对同样的政策，我国沿海地区和内陆地区的执行方式可能存在显著的差异。因此，研究者在分析数据时要了解数据背后的情况。

以中国的税收为例，从实际情况来看，不同地区、不同企业、不同个人在税法的执行上存在显著的差异。研究者在深入研究后会发现，企业避税和逃税的动机与企业内部情况、所在行业的竞争程度、不同地区的执法能力等因素密切相关。因此，企业避税和逃税行为的背后存在诸多影响因素，包括企业的性质、地区间的差异、行业特性等。

我们再来看看中国的法律制度环境。我曾写过一篇论文，研究的焦点是企业的招待费，我根据部分企业的财务数据对不同地区的企业进行了研究。在企业的财务报表中，这项费用通常用于差旅报销和娱乐活动。目前，大多数企业对此类费用的管理都比较严格，所以这类费用有所减少。但在过去，部分中国企业在这方面的投入甚至超过了研发费用。我们知道韩国企业非常注重交际，但中国企业在这方面的投入比韩国企业高得多。在其他发达国家，员工下了班就会直接回家，不会有太多的应酬，相关费用就少了很多。日本、韩国等亚洲国家都有这种传统，但中国企业在这方面的投入却比其他亚洲国家多很多。因此，我们需要分析这种现象出现的原因。企业是为了维护客户关系而被迫加大这方面的投入吗？这种现象的背后一定有各种各样的原因，研究者需要分析这些原因中哪些是主要的原因。我们还是希望中国企业能将更多的资金投入到研发中。

除了理解制度环境，研究者还需要理解中国特定的文化环境对企业行为和经济行为的影响。家族企业在中国很普遍，研究者如果想要研究家族企业的行为，就要考虑家族文化对企业行为的影响。我和同事们曾经通过调查问卷的方式研究企业内部的家族关系对企业内部组织结构的影响。另外，中国人比较讲究公平，公平这一理念与我们的传统价值追求是相契合的，与社会主义核心价值观也是相契合的。那公平这一理念对企业的激励机制有什么影响呢？我们也开展过相关的研究。有些中国企业在与员工签订合同后会对合同进行修改，这种情况在国外是很少见的。有的企业会先公布一项激励方案，并告诉员工完成业绩指标就能拿到一定的奖金，但员工完成业绩指标后，企业又会对激励方案进行调整。

在这种比较特殊的环境下，研究者如果想开展一个较为复杂的研究，就需要综合运用多种方法。去年我和我的同事们共同写了一篇文章，这篇文章关注的是中国的土地市场。土地市场与我们每个人都密切相关，因为土地市场和房地产市场是密切相关的，房地产市场的波动也与房价密切相关。2004年是一个重要的转折点。在早些时候，城市土地是公有的，没有被市场化；但随着时间的推移，土地市场化改革逐步展开，土地交易变得合法化。然而，在早期的市场交易中，由于缺乏制度监管，腐败和利益输送的问题开始显现。在问题变得严重后，政府出台了一项政策，自2004年8月31日起，所有经营性土地一律都要公开竞价出让。政府出台这一政策的目的是提高土地交易的透明度。政策得到执行后，土地市场的腐败现象消失了吗？为了进一步了解土地出让的实际情况，我们开展了一些研究。

我们在研究中发现，在城市土地出让的过程中，招标的使用是相当有限的。在招标过程中，政府或土地所有者会发布招标文件，开发商根据文件要求撰写标书并参与竞标。拍卖是更为常见的土地出让方式。在土地拍卖的过程中，开发商们会在拍卖场所举牌竞拍。拍卖的规则很简单，谁给出的价格最高，谁就能获得这块土地。挂牌也是一种常见的土地出让方式。政府会先公示土地的相关信息，包括土地的位置和基本性质等。感兴趣的开发商可以在指定的场所或网站查看这些信息，并决定是否参与竞拍。感兴趣的开发商会提交自己的报价，这个过程通常会持续较长时间。

我们首先收集了大量过去的土地出让数据，这些数据都能在网上收集到。我们对这些数据进行了简单的分析，分析后我们发现依据不同出让方式拍出的土地存在显著差异。具体来看，对于60%的以挂牌方式出让的土地来说，开发商通常按照政府的底价进行报价，并且没有其他竞拍者参与竞争。在这种情况下，开发商通常能够以接近底价的价格获得土地。我们想要了解土地的性质及其对拍卖价格与底价的影响，但我们不能简单地比较土地的出让结果，因为不同的土地情况不一样。

为了更深入地了解土地的出让情况，我们收集了大量的数据，并对数据进行了分析。我们通过不同的方式收集了丰富的与土地特征相关的信息，包括土地周边是否有学校、高铁、地铁等信息。我们不仅关注土地本身的特点，还关注背后的制度环境和市场动态。我们与土地管理部门的工作人员进行了沟通，以便了解他们在实际操作中选择不同出让方式的动机。我们通过调查发现，当政府认为某块土地难以出让时，可能会选择通过挂牌的方式出让土地，以避免出现无人竞拍的尴尬局面。然而，如果众多竞拍者竞拍某块土地，土地管理部门则更倾向于选择拍卖的方式，确保以更高的价格卖出土地。如果土地出让面临困难，只要有竞拍者出价，即可完成交易。在过去的几十年里，拍卖理论在国外发展迅速。我们根据拍卖理论对土地出让行为进行了分析。在理论分析的基础上，我们进一步观察到，土地管理部门的工作人员和开发商的说法在部分情况下可能与理论分析相吻合。这似乎表明我们的研究已经接近尾声，但我们并未满足于此。通过对比土地管理部门工作人员提供的数据和理论分析数据，我们发现土地管理部门工作人员的说法也存在站不住脚的情况。为了深入探究原因，我们对土地数据进行了更为细致的关联分析。我们发现，当我们将 3 年后土地的开发数据与出让时的数据进行对比时，出现了与土地管理部门工作人员说法不一致的地方。

尽管我们无法得知每栋楼的具体建筑成本，但在中国，建筑成本的差异并不显著。我们可以通过土地购置成本和最终销售价格计算毛利率。在控制了土地特征、城市因素、时间因素后，我们发现通过挂牌方式出让的土地的毛利率明显高于通过拍卖方式出让的土地的毛利率。有人可能会认为土地管理部门是因为土地冷门、不受欢迎才选择以挂牌的方式出让，但这些土地的毛利率反而更高。这显然与一般的认知相悖。

对于土地拍卖和房地产开发来说，容积率是一个至关重要的因素。容积率决定了开发商在一块土地上可建造的建筑物的最大面积，这直接影响着土地的价值和开发潜力。开发商在购买土地时会根据规定的容积率来评估土地的价值和潜在收益。虽然容积率在土地开发过程中一般是不可调整的，但在满足一系列严格条件并经过政府批准后，开发商仍有可能对容积率进行调整。这种调整会为开发商带来不小的利润。例如，开发商所购买土地的建筑面积为 3 万平方米，在调整容积率后，建筑面积增至 3.2 万平方米，那么这增加的 2000 平方米的建筑面积就会为开发商带来额外的利润，所以容积率的调整会对开发商的利润产生很大的影响。我们可以通过数据对比观察到容积率的调整情况。我们在分析数据后发现，通过挂牌的方式出让的土地的容积率的调整概率和幅度明显高于通过拍卖的方式出让的土地的容积率的调整概率和幅度。这背后的原因在于，与拍卖相比，挂牌这种土地出让方式更易于被操控。在某些情况下，在土地出让的过程中，如果土地管理部门与开发商之间达成默契，土地管理部门就会选择通过挂牌的方式出让土地，这样做能够更精准地控制土地的归属。某家开发商如果对某块土地有意，且提前获悉相关情况，就会选择以底价竞拍这块土地。其他开发商在得知这一情况后会认为这块土地已被内定，为了避免不必要的竞争和可能发生的冲突，其他开发商会选择退出竞争。因此，尽管挂牌看起来是一种公平、透明的土地出让方式，但实际上这种土地出让方式很容易被操控。

想要验证上述观点的准确性，还需要研究者们进行进一步的理论分析和实证研究。国外的拍卖理论可能并未涉及刚刚我们所提到的这些因素。研究者如果想更好地理解某种现象，就需要将相关因素纳入模型中，探究在模型中加入新的因素后会产生什么样的结果。研究者如果想要了解研究结果是否与实际数据相符，就需要进行新一轮的理论分析和实证分析。对于复杂的问题，尤其是具有中国特色的制度问题或其他问题，研究者需要综合运用多种方法来进行研究。

刚刚我们提到了研究方法。那研究者应该研究哪些问题呢？目前在发展经济学界有一个备受关注的问题——为什么有些国家发展迅速，而有些国家则发展缓慢？研究者可以通过多种发展经济学理论来解释这一现象。有一种观点聚焦于不同国家在资源上的差异。一些研究者认为，某些国家拥有优越的资源和条件，因此在经济发展上比较占优势。我认为这种理论并不能完全解释不同国家在经济发展上表现出的差异。另一种观点聚焦于气候对经济发展的影响。这一观点的支持者认为，寒冷地区的国家发展得更快，而赤道附近的国家发展得比较慢；因为寒冷的气候可以激励人们更努力地工作，从而推动经济发展；而赤道附近的国家过于炎热，炎热的天气会使人们变得懒惰，从而阻碍经济的发展。这种观点也遭到了一部分人的质疑。制度学派认为制度是影响经济增长的关键因素。道格拉斯·诺斯等经济学家认为，有效的制度能够推动经济增长，而无效的制度则会阻碍经济增长。这种观点在中国也相当流行，许多研究者在研究制度变化与经济增长之间的关系。然而，对于什么样的制度对经济增长有益，学界还存在一定的争议，因为我们不能简单地认为经济增长速度快的国家所采用的制度就是好的，经济增长速度慢的国家所采用的制度就是不好的。

在发展经济学中，文化对经济增长的影响逐渐成为一个备受关注的话题。文化是一个广泛的概念，这一概念涵盖了许多方面，而经济学家们尤其关注与信任有关的问题。为什么经济学家们如此看重信任呢？因为市场的发展和经济的增长都离不开交易，如果人与人之间能够彼此信任，那么交易成本就会降低，经济的增长速度就会更快。一些经济学家目前在研究信任对经济发展的影响。他们观察到，在发达国家，人与人之间的信任度比较高，如果一个人遇到了问题，很多陌生人都愿意伸出援手；而在一些发展中国家，人与人之间的信任度较低，这导致市场交易成本增加，经济发展受到阻碍。于是，一种观点逐渐在学界流行了起来，即人与人之间的信任度与一个国家的经济发展水平存在密切的联系。这一观点的支持者认为，信任度低会导致国家的经济发展滞后。然而，其中的因果关系也引发了人们的思考。是经济不发达导致了信任的缺失，还是信任的缺失制约了经济的增长？这是一个值得研究者们深入探讨的问题。政府部门可以从价值观的层面对民众加强教育和引导，宣传社会主义核心价值观。那么从市场机制的角度出发，怎样做才能促进社会互信呢？

我曾基于中国早期的电商平台易趣的相关数据开展过一项研究。我想研究的问题是比较具体的。我想要探讨的问题是：在某个市场环境中，人与人之间的信任感的增强是否会提高市场的交易效率？从宏观层面上看，研究这个问题是很有意义的，因为经济发展会受到市场交易效率的影响。我们认为，如果一个地区的人们普遍对其他人缺乏信任，该地区的市场交易成本就会增加，经济发展就会受到制约。我们的假设是：如果某个群体中存在一批相对单纯并且愿意信任他人的人，他们不认为世界充满恶意和陷阱，那么这会给市场的发展带来积极的影响。为了验证这一假设，我们分析了大量的易趣的早期数据，我们试图通过分析这些数据，了解信任感增强对市场交易效率的实际影响。

在电商的早期发展阶段，如何建立和促进用户之间的信任成了一个关键问题。在完全陌生的交易环境中，买家和卖家只能依据网站上的信息来决定是否进行交易，这导致了许多欺诈行为的出现。为了鼓励买家放心地进行交易，易趣设立了交易安全基金。易趣设立交易安全基金的目的是为用户提供保障，增强用户进行线上交易的信心。用户如果在线上交易中遭受损失，可以领取到一笔交易安全基金，用户只需要承担100元的交易损失，其余的交易损失由易趣承担。在交易安全基金设立初期，易趣将交易安全基金的最高赔偿金额设定为3000元。然而，随着时间的推移，易趣发现这种机制可能引发一系列的不正当行为。于是，易趣将最高赔偿金额降至1000元。最终，经过进一步的考虑和评估，这一基金被完全取消了。我们可以通过分析相关数据来了解，为了促进市场交易、取得用户信任，易趣作为一个电商平台是如何不断调整并改进其措施的。我们通过评估平台所采取的措施对买家和卖家的市场交易行为的影响，来验证实际情况是否与目前流行的理论相符合。我们进行了实证分析和理论分析，构建了一个简化的模型，并利用这个模型得到了一系列假设，然后我们将这些假设与实际数据进行比较。

经过大量的分析和研究，我们发现，给予买家更多的保护实际上降低了市场的信誉度。具体来说，这种保护政策降低了市场的整体交易量。在一个市场环境不佳、法律体系不完善、执法能力有限、欺诈行为无法得到有效约束的环境下，简单地让用户相信世界上没有坏人并让用户放心地在线上购买商品可能会起到相反的效果。如果买家过于单纯，骗子的收益就会增加，收益越高，骗子就越可能进入市场。因此，如果没有有效的监督和惩罚机制来遏制欺骗行为，仅靠增加人与人之间的信任度并不能从根本上解决问题。

这场讲座的主题是"经济学研究在中国的发展"。关于这个主题，我想强调三个要点。第一，我认为中国的经济学研究正在朝着严谨、深入、有效的方向发展，这对于社会发展、经济发展和政策讨论至关重要。随着中国经济的快速发展和政策讨论的愈发深入，我国对高质量经济学研究的需求在不断增加。第二，中国为经济学研究者提供了很多有利的条件。无论是在实验设计、数据收集方面，还是在对问题的洞察和把握上，我国的研究者具备很多开展研究的便利条件。第三，在中国进行经济学研究需要研究者综合运用多种研究方法，充分考虑问题的复杂性。有时候，研究者只有综合运用不同的研究方法，才能把问题理解得更为透彻。

为了更好地理解中国的制度环境和文化背景对经济现象的影响，研究者还需要深入了解中国的制度环境和文化环境。同时，深入了解中国的制度环境和文化环境也能够为研究者提供更多、更新的研究问题。

以上就是我想与大家分享的几个观点，谢谢！

2014 年 11 月 20 日

（根据讲座录音整理，已经本人审阅）

第六讲

企业运行的环境与战略

张志学

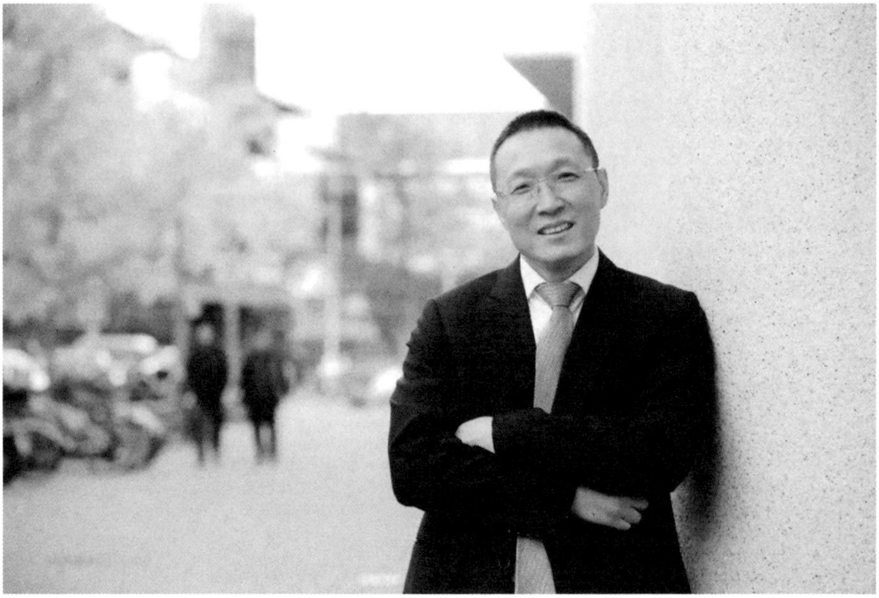

作者简介

张志学，北京大学博雅特聘教授，北京大学中国社会科学调查中心主任；北京大学光华管理学院组织管理学教授，北京大学光华管理学院行为科学研究中心主任和管理创新交叉学科平台召集人，香港大学经济及工商管理学院荣誉教授。在香港大学获得心理学博士学位。曾任北京师范大学心理系讲师，香港理工大学研究员，美国西北大学凯洛格管理学院访问学者，美国伊利诺伊大学访问学者（Freeman Fellow），瑞典斯德哥尔摩大学访问教授，中国管理研究国际学会（International Association for Chinese Management Research）主席；曾获得国家杰出青年科学基金（2009）。现任国务院学位委员会第八届工商管理学科评议组成员。研究领域包括企业领导与文化、谈判与冲突处理、团队工作与管理、企业转型与创新等。

内容简介

外部环境的变化要求企业及企业领导者与时俱进。在这一讲中,张志学教授带领大家剖析了中国经济和社会环境在过去展现出的阶段性特征,分析了三类企业领导者所面临的主要挑战、采取的经营策略以及他们走向成功的关键,以便我们思考中国企业领导力的变化规律,更好地洞悉未来中国企业和领导力的发展方向。张志学教授认为,在日益加剧的国内和国际市场竞争中,企业领导者应当充分发挥中国式的企业家精神,通过提升企业的组织能力驱动企业不断创新,这也是中国企业走向成功的关键所在。

视 频 节 选

第六讲 企业运行的环境与战略

我 觉得在北大读研究生是非常幸福的。北大研究生院为同学们提供了一个很好的平台。才斋讲堂是为我们北大的研究生开设的一门通识课，开设通识课的目的是让各位同学了解每一位教授所从事的研究和所涉猎的领域的基本概况。希望同学们在听完今天的这节课之后能够在自己的脑海中勾画出中国企业领导力变迁的轨迹，这是我希望大家能够做到的。

我想在座的各位同学可能读过一些有关商业和领导力方面的著作。我今天想和大家探讨的主题与中国的领导力有关，但我所探讨的领导力和西方组织行为学、工业与组织心理学所提及的领导力有所不同。同学们如果对其他学科有所了解，可以在听完这节课后进行进一步的思考，想一想我们分析问题的视角和以往有什么不同。

在认识不同时代的领导力时，我们必须把握中国社会宏观环境的变迁这一关键因素。为了更好地理解这种变迁，我们需要回顾过去 30 多年中国社会宏观环境的变化，这 30 多年是中国企业发展的重要时期。在这样的宏观环境下，我将中国社会的领导力大致划分为三个类别，每个类别都有其独特的模式。在了解这些模式之前，我们可以先看看中国企业领导力的变迁。我想特别强调的是，在当前环境下，中国企业每走一步都会面临非常大的挑战。为了应对这些挑战，企业需要不断创新。一些优秀企业的实践经验是值得我们学习的，这些企业通过艰苦卓绝的努力逐渐走在行业的前列，它们每一步的发展都离不开强大的组织能力。

我们知道，我们如果要运营一家企业，就需要以某种方式了解企业所处的外部环境。我们可以将外部环境大致分为两类——一般环境和特定环境。一般环境是指那些虽然对企业日常经营活动可能不产生直接的影响，但能够产生间接影响的环境因素。一般环境通常包括政治环境、法律环境、经济环境、自然环境等，这些因素几乎对所有企业都会产生影响。特定环境是指那些与企业的产品、市场关系密切的环境因素。特定环境通常包括地域环境、产业环境和竞争环境等。我想提醒各位的是，分析企业的外部环境的目的是了解企业在整个生态环境中的定位，这有助于企业领导者发挥其关键能力。一些书会提到SWOT分析。SWOT分析关注的是什么呢？它关注的是strength、weakness、opportunity、threat，即优势、劣势、机会和威胁。SWOT分析主要针对的是特定环境。企业在制定战略的过程中还会用到PEST分析，它关注的是politics、economy、society、technology，即政治、经济、社会和技术四个方面。

对于企业来说，在一定环境下明确战略定位是至关重要的，但仅有恰当的战略定位并不能保证企业的成功。我们知道，一些中国企业会聘请国际顾问公司的专业人士做战略咨询，但不少企业最终还是失败了。有人因此认为这些国际顾问公司不了解中国国情，但我不这么认为。这些国际顾问公司服务的是国际企业，它们所搜集到的国内外的相关数据有助于企业的运营和管理。这些国际顾问公司也能够在若干方面为企业提供指导，避免企业犯低级错误。创立于20世纪80年代末的福建实达电脑股份有限公司是一个比较有名的失败案例。在某家国际大公司为该企业制定了发展战略后，由于调整幅度过大，很多员工不知道自己该做什么，因此有人认为国外的公司不了解中国。但事实上，在完成战略制定后，领导者需要借助组织的调整来支持战略的实施。企业的组织和管理与很多要素有关，如领导者提出的发展方向、企业的组织架构、企业的控制系统、企业文化及未明确体现在组织结构图中的人员和部门，这些要素都会对组织产生影响。组织建设对企业的发展是十分重要的。

企业的领导者要想办法让企业的各个部分像齿轮一样彼此配合，不要让它们反着转。很多领导者会基于环境的变化制定组织战略。比如，如果企业想要实现创新，就意味着领导者要组织各部门交叉合作，让一线员工、工程师、销售人员相互交流，使研发人员在了解客户需求的基础上确定研发方案。这意味着传统的组织结构与企业的战略目标不再匹配。为了应对这种变化，企业需要将过去的组织形式转变为以团队为基础的组织形式，这种组织形式也被称为"team based"。比如，在研发一个新产品时，谷歌公司会从各部门抽调一部分员工，让他们共同参与研发。要想形成以团队为基础的组织形式，就意味着研发小组或产品小组的每个成员彼此之间要相互支持，但是很多企业是做不到这一点的。许多企业仍然采用基于个人绩效的考评规则，如果一名员工做得好，企业就提高他的奖金和职级，这种考评规则与企业所倡导的团队精神是相悖的。小组的每个成员都是团队的一部分，如果某个成员向其他成员求助，其他成员就需要放下手头的工作并给予帮助；如果产品的设计理念不够清晰，成员们就需要共同参与讨论。如果企业采用的是以团队为基础的组织形式，考评人员在考评时是很难将团队成绩和个人成绩分开的。如果考评人员还是根据个人绩效对员工进行考核，并将考核结果与员工个人的奖金和职级挂钩，那这种做法就是不合理的。这种做法在管理学中被称为"期待 A 却奖励 B 的愚蠢行为"，这是一个在管理学中非常有名的理论。大家可以结合很多社会现象思考一下，其实我们的身边到处都存在着"期待A却奖励B的愚蠢行为"，这体现了结构与控制系统之间的矛盾。

在组织建设中，领导者要推动各个要素彼此协调。如果组织结构已经发生了改变，但领导者的行为仍未发生改变，那么这种不协调就会导致企业运作的失败。因此，建立一个协调和谐模型是非常重要的。企业运营的协调和谐模型（见图6-1）可体现企业如何受到外部环境的影响，并依据外部环境进行战略的制定与内部组织的建设，进而为企业的利益相关者创造价值。

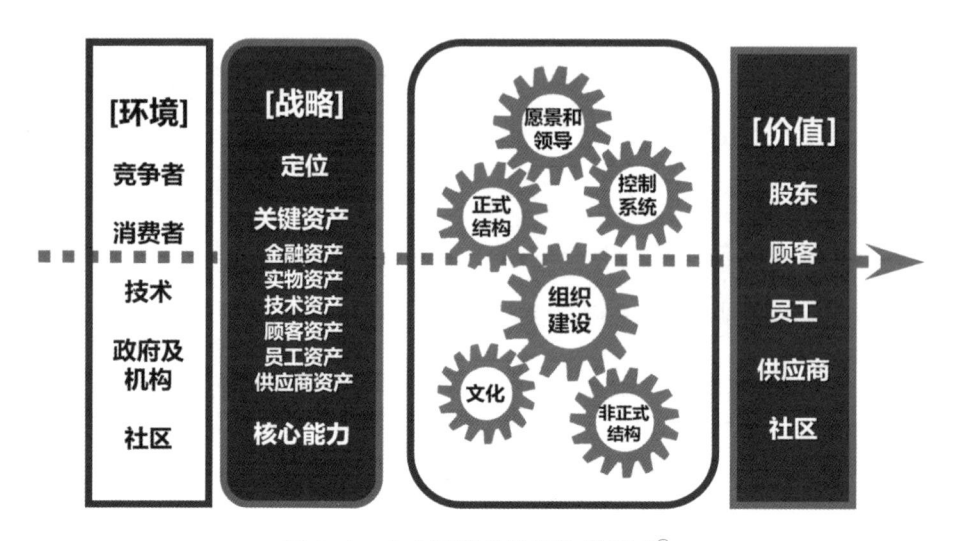

图6-1　企业运营的协调和谐模型[1]

我们先来看看什么是企业的外部适应。外部适应涉及特定环境和一般环境两个方面。影响企业运营的特定环境因素通常包括企业的竞争

---

[1] 该模型的建立参考了David Nadler和Michael Tushman于1980年提出的"Nadler-Tushman模型"。

者、消费者和企业所依赖的技术。影响企业运营的一般环境因素包括企业所处的特定区域下的政府及机构和企业所处的社区。了解企业的外部环境有助于企业战略的制定。领导者在制定企业战略时要考虑三个关键要素——定位（涉及企业的目标行业和企业在目标行业中的位置和竞争优势），可使用的关键资产（金融资产、实物资产、技术资产、顾客资产、员工资产、供应商资产），企业的核心能力。企业应通过战略的制定来适应外部环境的变化，而具体的战略执行则涉及企业的内部组织。

我们再来看看企业的内部整合。企业内部组织包括领导及其所提出的企业愿景、与之相配合的正式结构和控制系统，还包括组织建设、企业文化和非正式结构。如何才能使企业内部的各个组织像齿轮一样彼此配合，向着同一个方向转动呢？这就需要依赖组织内部的协同机制。一家企业只有同时做到外部适应和内部整合，才能尽可能多地为其股东和其他利益相关者创造价值，这就是企业管理所强调的"大协同"。"大协同"强调战略与环境保持协同、组织与战略保持协同、架构与组织保持协同、行为与架构保持协同。所以我们能够发现，商学院的两年制MBA课程通常涉及战略、组织架构、组织设计、财务、会计、人力资源、领导行为等多方面内容，这些课程旨在帮助同学们了解企业运营的各个方面。

我们所处的时代是在人类历史上发展最为迅猛的时代。即使与工业革命时期相比，我们所处的这个时代的技术进步速度也是很快的。1985年的时候我还在上大学，那时美国未来学家阿尔文·托夫勒写的《第三次浪潮》传到了中国。当时西方信息技术的迅猛发展带给了我们非常大的震撼。虽然当时信息技术的发展是突飞猛进的，但其实那时候我们连CD-ROM（只读光盘）都没用过。社会的发展水平如今已经达到了一个不可想象的高度，今天我们觉得稀松平常的事是大学时代的我所不敢想的。

我常常思考：为什么人类社会从20世纪80年代到现在取得了如此迅猛的发展？多年来，经济学家们达成了一些共识，他们认为可以从国家宏观制度的角度来解释人类社会的迅猛发展，而宏观制度又与人的行为密切相关。大家知道，邓小平、撒切尔夫人和里根这三位领导人差不多是在同一个时代执政的。在邓小平执政后，中国人民的生活富裕起来了，他将整个国家的经济发展放在了第一位。撒切尔夫人上台后，她的顾问们嘱咐她做事不要太左也不要太右，但撒切尔夫人不认同他们的观点，她认为英国要走的是英国经济学家哈耶克所倡导的路线。哈耶克于1974年获得了诺贝尔经济学奖，他主张让人作为经济主体在市场中活动。在撒切尔夫人上台后，里根当选美国总统。三位杰出的政治家诞生于不同的国家，虽然他们的意识形态不一样，他们的信仰也不一样，但他们不约而同地强调了同一件事，那就是发挥人在市场上的主体作用。所以，我认为过去几十年人类社会的飞速发展与中国、美国和英国这三个国家的领导人不约而同地选择了同一条发展道路密不可分。

自改革开放以来，中国的发展进程可以大致被分为几个阶段。在邓小平执政时期，人民群众的创造力在改革创新中不断显现。20世纪90年代末，朱镕基总理在应对经济危机、激活房地产市场、加入WTO等方面采取了一系列措施，这为中国未来的发展奠定了坚实的基础。朱镕基总理的两次讲话让中国人印象深刻。他曾经表示："不管前面是地雷阵还是万丈深渊，我都将勇往直前，义无反顾，鞠躬尽瘁，死而后已。"[1]

---

[1] 王相坤.朱镕基：为人民不惧"地雷阵"[EB/OL].（2013-04-02）[2024-03-24]. http://dangjian.people.com.cn/n/2013/0402/c117092-21005106.html.

他也曾说:"反腐败要先打老虎后打狼,对老虎绝不能姑息养奸,准备好一百口棺材,也有我的一口,无非是个同归于尽。"[1] 这种决心和魄力使朱镕基总理在困境中为中国找到了出路。到了2003年,新的政府班子上台,我们的政府面临是否继续往前走的问题。我们看到了,新的领导班子选择了继续前进。此时,我国的民营企业已经展现出强大的活力,这使很多国有企业都甘拜下风。在这一时期,政府采取了平衡的策略,适当扶持民营企业的发展,同时让国有企业能够继续前行。1997年至2008年被称为中国的"黄金十年",而一些人认为,在这"黄金十年"中,中国在产业转型和产业布局上没有做出改变,从而导致中国企业从2012年开始发展得比较艰难。对企业而言,在国际竞争和产业转型中,资源效率的配比是极其重要的。如果民营企业能够充分发挥自身的优势,我国的经济可能会发展得更好。

随着时间的推移,不同类型的企业开始不断涌现。企业在运营的过程中需要面对各种挑战和不确定性因素,这些不确定性因素会给企业带来很多麻烦,为企业的运营带来困难。企业需要克服这些问题,否则这些不确定性因素会为企业带来风险。在仔细分析这些不确定性因素后,我们可以将其划分为市场的变化、客户的变化、技术的变革和政策的变化。这些变化都会给企业带来挑战和风险。因此,在应对不确定性因素时,企业需要采取有效的策略和措施,以避免这些风险出现。

对于企业来说,政策的变化通常是最大的挑战,因为市场的变化和技术的变革是企业必须面对的,企业家往往会提前做好准备并及时调整应对策略;然而,政策的变化往往是难以预测和应对的,因为政策是由

---

[1] 王相坤.朱镕基:为人民不惧"地雷阵"[EB/OL].(2013-04-02)[2024-03-24]. http://dangjian.people.com.cn/n/2013/0402/c117092-21005106-2.html.

政府制定的，而政府在作出决策时往往要考虑到多方面的因素。我记得2003年央行发布了121号文件，我国的房地产贷款政策发生了变化。一位北京的企业家在看完文件后整晚睡不着觉，因为他意识到这就像足球比赛的裁判突然将规则改为排球比赛的规则一样。在转轨时期，政策不断变化是必然的。在从计划经济向市场经济转型的过程中，很多政策可能是较为滞后的，企业只能通过不断地尝试和犯错来适应这种变化。因此，政策和制度的制约常常给企业家带来巨大的困扰，并使他们感到束手无策。

晚清商人胡雪岩的故事广为人知。他本是一名普通的钱庄职员，但他凭借着敏锐的商业眼光成了富甲一方的商人。他在关键时期结识了王有龄，并通过王有龄的权力和影响建立了自己的商业帝国。但好景不长，在太平天国的军队进攻杭州城后，杭州城被围困，胡雪岩调动了上海各界的力量，购买了大量的粮草，但粮草无法进入杭州城，杭州城最终还是沦陷了。后来，左宗棠率军打入杭州城，打败了太平天国的军队。当时，关于胡雪岩的不实之言四起，有人说他携款潜逃，但他并没有被这些谣言击垮。他向左宗棠证明了自己的清白，并在赈灾工作中表现出色，这使得左宗棠对他刮目相看。胡雪岩曾犯过一次错误，他试图联合其他中国商人垄断国内的生丝，提高生丝的收购价格，从而惠及蚕农。然而，此举却引起了外国商人的强烈反对，他们联合向政府抗议，而政府并没有理会。面对这种情况，外国商人表示即使暂时停工也拒绝购买胡雪岩的生丝，他们要让胡雪岩的生丝日渐发黄，变得毫无价值。这也导致胡雪岩的商业联盟逐渐瓦解，一些合作伙伴选择退出，只剩下他苦苦支撑。与此同时，由于欧洲生丝大丰收，外商选择直接从欧洲进口生丝，这导致胡雪岩损失惨重。为了弥补这一巨大亏损，胡雪岩试图从全国各地的阜康钱庄调集资金，但由于各种原因，各地的阜康钱庄都纷纷倒闭了。胡雪岩最终惨遭抄家，晚景凄凉。朱镕基总理于 2002 年 5 月考察杭州胡雪岩故居后，在其住地刘庄挥毫写下一段话——"胡雪岩故居，见雕梁砖刻，重楼叠嶂，极江南园林之妙，尽吴越文化之巧。富埒王侯，财倾半壁。古云：富不过三代。以红顶商人之老谋深算，竟不过十载。骄奢淫靡，忘乎所以，有以致之，可不戒乎？"①

去年 6 月，我去了一趟杭州。我在坐出租车的时候问司机杭州人对胡雪岩的看法，司机说很多人对胡雪岩持否定态度。但是我在想，也许他给杭州的商人留下了一笔宝贵的遗产。这笔遗产是什么呢？胡雪岩的故事给了企业家们一个深刻的教训——企业家在运营企业的过程中应该坚持自己的商业理念和原则，唯马首是瞻的做法存在着巨大的风险。

1984 年，有两家企业分别在北京和广东诞生，一家是联想，另一家是健力宝。这两家企业在 20 世纪 90 年代都享有盛名，联想的创始人柳传志和健力宝的创始人李经纬在全国都赫赫有名，这两家企业的发展也都与国家有着密切的关系。联想在创立之初得到了中国科学院计算技术研究所的 20 万元资助，这就意味着其最初是国有企业。联想在香港上市时，柳传志希望由国家持有联想 65% 的股份，把剩下的 35% 的股份分给高管和其他骨干员工作为股权激励。然而，国家不支持这种做法，因为联想是中国科学院计算技术研究所的，而中国科学院是国家的。在一番激烈的商讨之后，中国科学院同意给联想 35% 的股份的分红权。这 35% 的分红并没有具体兑现给个人，而是被统一管理了起来。计算机产业的竞争是非常激烈的，联想也需要改制。几年后，国家最终同意将分

---

① 王凯捷. 隽永短文 字字千钧：朱镕基留言胡雪岩故居前后 [EB/OL].（2011-09-16）[2024-03-24]. https://zjrb.zjol.com.cn/html/2011/09/16/content_1089838.htm.

红权改为股权，但前提是柳传志等人必须一次性用现金购买股权。柳传志最后通过多年的积累一次性解决了联想的产权问题，这也展现了柳传志极大的耐心和决心。

我们再来看看健力宝。1997年，健力宝创下了54亿元的销售纪录，其上缴的税款一度超过广东省三水市[①]财政收入的一半。这也使健力宝的创始人李经纬在当地拥有极高的地位，但当时他并不喜欢过分显露自己。然而，随着企业规模的扩大，他逐渐产生了一种错觉，认为是自己养活了整座城市，这导致他的心态发生了很大的变化。后来，他决定在广州建造一座38层的健力宝大厦，但他在建造大厦前没有事先取得三水市政府的批准。由于他没有妥善处理与政府的关系，健力宝公司开始出现一系列问题。过了一段时间，李经纬被告知当地政府已经决定将健力宝公司卖给别人了。实际上，那时他与当地政府的关系已经严重恶化了。最终，李经纬及健力宝的多名高管均因涉嫌转移巨额资产被检察院传讯。作为管理、经营国有财产的工作人员，李经纬利用职务之便，以购买保险的形式挪用国有资产，他的行为已经触犯了我国的法律。这两位企业家的结局截然不同，这值得我们深思。

这两家大企业的创始人在经营理念和处事方式上截然不同。人民日报社的记者凌志军在《联想风云》一书中写道："在过去二十多年里，我们的国家始终在新与旧的激烈冲突中挣扎前进。如果你屈服于旧体制，会被淹没其中，如果你公然反抗，你会体无完肤。联想的真正与众不同之处在于它掌握了与旧制度相处的方法，同时又以惊人的坚忍、耐心和技巧与旧制度中令人作呕的弊端周旋，一点一点地摆脱束缚，走向新世界。"[②]由

---

① 现为佛山市三水区。
② 凌志军. 联想风云 [M]. 北京：中信出版社，2005：前言.

此可见，柳传志属于政治智慧型企业家。与柳传志相比，李经纬则更加直接，他没能与旧体制耐心地周旋，这导致他与当地政府的关系逐渐恶化。外部适应对企业的经营是至关重要的。企业要学会适应市场环境和技术的变化，而适应政策环境是最为困难的。在适应政策环境方面，企业通常有两类做法：一种是耐心地采取迂回的策略，就像柳传志一样；另一种是采用比较直接的方式，就像李经纬一样。内部整合对企业的发展也很重要。有的企业有完备的制度，注重内部管理；而有些企业则缺乏规矩、管理混乱。

我们可以把中国企业的领导者分为四个类型（见图6-2）。第一类企业领导者很厉害，其企业内部有规有矩，并且企业掌握了先进的技术，但这类企业领导者在外部适应方面做得不好；这类企业领导者属于"先烈型"领导者，他们往往"出师未捷身先死"。第二类企业领导者懂得如何应对政策环境，但不幸的是，他们将这种技巧过度运用在企业内部，这类企业领导者属于"平庸型"领导者。第三类企业领导者比较像"山大王"，无论是在企业内部还是在企业外部，他们都表现得像个大领导，他们的主张是"顺我者昌，逆我者亡"。这类企业领导者属于"大王型"领导者。第四类企业领导者是"外圆内方"的。我们发现中国很多企业的标识都是外圆内方的。在转轨期间，企业所处的外部环境通常充满了不确定性和挑战。为了应对这些挑战，许多企业领导者运用了

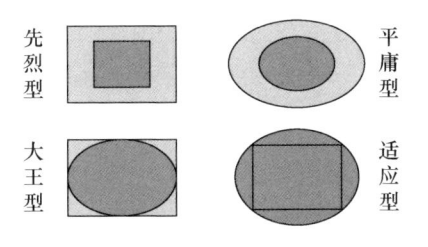

图6-2 中国企业领导者的分类

"外圆内方"的哲学观点。在理解政策、适应政策时，他们会"圆"一点，这种做法是充满智慧的，这可以使企业和政府实现双赢，从而为企业谋求生存空间。"方"指的是企业需要注重专业化，保持精耕细作的态度，提高组织效率，确保企业能够稳健地发展，这类企业领导者属于"适应型"领导者。

我认为，西方社会的整体环境给企业和个人提供了比较大的发展空间。在这样的背景下，如果企业家能够充分发挥自己的能力，企业就有可能取得成功。在西方社会，人们认为个人只要真的付出努力，坚定地追求自己的目标，就能够实现自我价值。当然，这也需要良好的社会保障机制作为保证，使每个人的努力和最终的收获高度关联。处于这种环境的人普遍认为，一个人如果没有取得成功，是因为他付出的努力不够或能力不足；一个人如果足够努力且具备足够的能力，就一定能取得成功。从哲学的角度看，这种观点看重的是个人动因，这种观点的支持者认为个人的命运掌握在自己手中。然而，在东方社会，很多人认为外部约束对个人的影响非常大。他们认为，无论个人做出怎样的尝试，世界都是很难被改变的。这种观点会使人逐渐变得被动，甚至产生宿命论的思想。鲁迅先生笔下的祥林嫂就是这样的人，这种宿命论者认为命运是无法被掌控的，一切都是注定的。

在西方社会，人们所主张的企业家精神通常指的是一种不服输、勇于创新的精神，他们认为命运掌握在个人的手中。在东方社会，如果实际环境与理想中的环境不同，一些人会认为自己的命运无法被改变。有一种人的哲学观念介于这两种哲学观念之间，他们虽然意识到了外部环境对个人的约束，但仍选择继续努力奋斗。这类人有一种"认命变运"的信念。我认为过于理想化或习惯于"躺平"的企业家都可能无法取得成功。

我与合作者曾通过分析谚语词典探究中国文化和美国文化的不同之处。谚语词典中的很多谚语与人和自然的关系有关，我们将这些谚语找了出来，其中有些谚语强调了个人能动性，有些谚语体现了宿命论。我们发现，美国谚语中强调个人能动性的谚语的比例远高于中国，而中国谚语中体现宿命论的谚语的比例则远高于美国。我们现在使用的谚语通常是几千年前的中国人留下的。那当今中国人的思想观念有没有发生变化呢？2002年，我们采用量表测量法对中国的企业管理者进行了实证研究。我们发现，中国的企业管理者最认可"认命变运"的观念。

在中国，不同地区的企业家的地位和所处的环境是存在差异的。某些省份的商业环境较为宽松，而某些省份的企业可能面临较多的挑战或受到较多的约束。为了进一步探讨这一问题，我们可以运用樊纲教授提出的指标衡量一个省份的政府力量。具体而言，我们可以通过调查企业家与政府官员建立联系时所花费的时间来评估政府力量的强弱。从客观上看，企业家花费的时间越多，政府力量越强大。

实际上，中国企业家往往是在克服困难的过程中成长起来的，在这种情况下，一批具有"认命变运"信念的企业家应运而生。他们承认现实条件不够理想，但他们选择坚定地发展自己的事业。这些具有政治智慧的企业家通常具备"外圆内方"的特质。"外圆"是指他们能够审时度势，不断适应外部环境的变化；"内方"是指他们能坚守企业经营的原则，推动企业走向制度化和专业化。同时，他们注重打造团队精神，注重培养接班人，从而确保企业发展的可持续性。

一些中国企业家在经营企业的过程中过分关注外界环境对企业发展的影响，这使他们忽视了企业的内部建设。这可能导致企业家过于依赖政策环境，从而忽视了企业内部的管理和建设。一些企业家为了企业的发展积极寻求优惠政策，然而，在获得了这些优惠政策后，他们觉得通过这种途径经营企业非常轻松。于是，他们就会过分依赖各种关系，忽视了企业内部经营能力的提升。

我们也应当看到，外部环境确实会给中国企业家带来不少挑战和约束。政策和制度环境的不稳定性可能会对企业的经营产生一定的影响。此外，中国的市场经济体制也在不断地发展和完善，许多企业和企业家需要适应新的市场规则和竞争环境。然而，仅仅依靠对外部环境的适应和政策的支持并不能保证企业取得成功。企业家应注重提升自身的经营管理能力，制定科学的发展战略，加强对企业的管理，提高产品的质量和市场竞争力。企业只有不懈努力、持续创新，才能实现长期的发展目标。

同时，企业家也需要意识到，虽然外部环境的变化会给企业的发展带来一定的影响，但企业可以依靠自身的实力和能力来应对市场竞争。因此，企业家需要在企业经营和管理方面投入更多的精力和资源，以提高企业的核心竞争力。企业只有做到内外兼修，才能实现可持续发展。从2012年开始，许多中国企业不得不面对经济下滑所带来的挑战，不少企业的经营状况开始恶化。这是中国企业目前普遍存在的问题。

20世纪80年代至90年代中期，中国正处于经济转轨阶段。在这个时期，政府采取了一系列调整经济结构的措施，大力推动市场化改革。在朱镕基总理任职期间，政府出台了一系列调控政策，这些政策使市场活力得到了释放，中国市场经济体系逐步走向成熟。对于中国企业而言，随着市场竞争愈发激烈，获利的难度也在逐渐增加，因此，仅仅依靠政治智慧经营企业是无法保证企业顺利发展的。在外部环境发生显著变化时，企业的领导者也要与时俱进，做出相应的调整和改变。在互联网蓬勃发展的时代，中国企业展现出了强大的竞争力和创新活力。从总体上看，中国企业在很多方面仍与美国企业存在一定的差距，但一些中国企业在不少领域都具备了与世界一流企业抗衡的能力。

2003年，我曾与马化腾交流对一些问题的看法，当时腾讯还不像现在这么有名。他曾表示，在互联网泡沫破裂后，中美两国的互联网企业都陷入了困境，但他坚信腾讯会逐渐崛起。他说1996年的时候大部分中国人还对互联网一无所知，但他几乎每天都在网络上花9个小时的时间。他使用过微软的ICQ，但他认为这个软件并不好用，这促使他和他的团队研发了通信软件QQ。我认为马化腾的成功源于他的专注和专业精神，这是值得我们学习的。他始终保持低调，不像某些成功人士那样到处演讲或传授成功的秘诀。他不热衷于应酬和造势，而是将时间用于深入研究本企业的产品和竞争对手的产品。他非常了解客户的需求，也很喜欢测试公司的产品，我猜测他至今仍是公司的首席体验官。他能够从客户的角度出发，深入理解市场的需求和同类产品的特性。他曾表示，他更希望大家看到的是公司的卓越业绩，而不是他个人的行为，他希望腾讯的成功能够成为商业领域的经典案例。由此可见，马化腾属于业务专精型企业家。但我们也会发现，腾讯有时很容易受到竞争对手的产品的影响，腾讯也意识到了这个问题并开始进行反思。

在很多年前，我曾在光华楼接待过eBay的女总裁。eBay曾扬言中国的线上商品市场是它未来的目标。2003年，eBay和淘宝在市场份额上差距悬殊，eBay所掌握的市场份额远超淘宝。到了2004年，双方在市场份额上的差距缩小了一些。自2005年起，淘宝的市场份额开始迅速增长，其间有几个关键的转折点。其中一个重要的转折点是eBay收购了易趣，这本应是一个对eBay有利的举措，但最终结果却并不理想。

外资的介入使易趣的很多本土化策略被搁置，这导致其产品没有充分考虑到中国消费者的购物习惯和喜好。另一个转折点是淘宝迅速推出了支付宝。很多商家起初对这种新型支付方式持怀疑态度，毕竟这种新型支付方式与传统支付方式存在很大的不同。出乎意料的是，买家们非常愿意使用支付宝。随着买家的数量大幅增加，商家们也不得不开始使用支付宝。这些例子表明，与美国企业相比，处于本土市场的中国企业在理解客户需求方面表现得更为出色。

淘宝超越 eBay 的原因其实很简单，淘宝的优势在于其懂得理解客户并根据客户的需求迅速做出改变。这类企业的领导者是业务专精型的领导者，他们能够精准地把握企业的战略定位，了解中国市场的商业模式和中国消费者的消费习惯，这使他们的企业在竞争中脱颖而出。非常难得的一点是，这类企业家并不固执己见，他们能够根据企业的发展情况迅速弥补短板。无论是淘宝还是腾讯，这些企业的领导者都能够在发现问题时虚心向他人请教，而不像一些成功人士那样，认为自己无所不能。这些企业家不仅具备技术背景，还能够深入思考企业的运营模式和管理策略，学习并借鉴其他企业的先进管理经验。我们可以看到，这种类型的领导者不再仅仅聚焦于应对政策环境，他们更加重视市场变化和客户需求。同学们如果未来想要创业，就要考虑到市场容量是一个非常重要的因素。广阔的市场才能孕育出大企业，而中国正是一个拥有广阔市场和巨大潜力的国家，这为企业的发展提供了得天独厚的条件。

同时我们也要认识到，很多中国企业通常扮演着快速跟随者的角色，而不是领导者的角色。当国外企业研发出新技术时，一些企业会迅速引进新技术并进行本土化调整，但它们的创新能力还相对较弱。这些企业构建了一个全方位的防线，就像足球队和篮球队一样，这使国外企业难以进入中国市场。中国企业采取了全方位的产品线策略，每个产品线上都有中国企业在与国外企业竞争。在世界范围内，这种情况比较少见。韩国在这方面做得不错，各产品线上都有韩国的本土企业，但总的来说，能与中国企业的防守能力相提并论的国家还是很少的。目前，多数中国企业还很难进入国际市场，这可能与文化差异、市场环境、竞争态势等多种因素有关。我们必须承认，互联网的发展与环境因素密不可分。如果环境足够开放，互联网企业的发展可能会呈现出更加多元化的局面。我认为，如果目前的格局保持不变，中国企业的优势可能会有所减弱。然而，近几年发生的一些事情也让我们意识到，互联网不能够完全被开放。

中国企业下一步该怎么走？中国的市场是一片红海，虽然市场竞争激烈，但中国企业仍有走出国门的机会。中国企业如果想要迈入国际市场，就需要适应不同的文化环境，全面提高自身的组织能力。一个卓越的组织需要同时具备多个要素。首先，组织的领导者需要设定一个激励人心且切实可行的目标。领导者要通过各种各样的方式让企业的全体员工认识它、理解它、认同它。这需要企业建立起一种目标意识，使所有企业员工将自己的能力和努力与组织目标相匹配。其次，在实现组织目标的过程中，人才是非常重要的。一个组织需要各种优秀的人才，不拘一格地吸纳人才是关键所在。在人员多样化的组织中，让每个人都认同组织的目标可能是比较困难的，而解决这一问题的有效方法就是建立清晰的结构、制度和规范。这能够使每个人都明确自己在组织中的职责，从而化解目标共享性和人员多样性之间的矛盾。然而，过多的规则和制度可能会限制员工的创新能力，导致组织应对变化的能力下降。因此，在快速变化的环境下，一些人开始推崇去制度化或反制度化的理念。

企业的组织通常是金字塔式的，企业通过规定每个人的活动空间来对员工进行管理。想象一下，如果金字塔组织的各个模块都被取消了，规定都被取消了，如何保证所有人都能认同组织目标呢？想要确保这些员工认同组织目标，就需要借助企业文化的力量。领导者需要打造一种企业文化，使员工能够自然而然地被吸引并聚焦于组织目标上。这些员工可能来自不同的部门，但他们能够在规则和制度的指导下有效合作、高效工作。这样的组织才是有战斗力、有韧性的组织。

一个具有组织能力的领导者需要站在组织之巅或者组织外部，这样才能看清组织内外的各种问题并及时进行相应的调整。领导者应当像一名系统设计师一样，不能仅仅关注自己的一亩三分地。曾有研究者对人们的决策风格进行了分析和研究。研究结果显示，人们的决策风格大致可被分为四类，即任务型、社交型、智慧型和参与型。研究发现，基层管理者的主要决策风格是任务型，这种决策风格的特点是精确、细致、快速行动和讲求效率。基层管理者最不应该有社交型的决策风格。当基层管理者晋升至更高的职位时，四种风格开始逐渐融合。这是因为随着职位的提升，人们需要整合各种资源。

我们知道，管理员工要以任务为导向，但随着管理层次的提升，领导者与一线工作者的距离在不断拉大。由于缺乏对一线工作具体情况的直接了解，领导者需要学会与不同的人交往，从而获取来自一线的信息和建议。

在信息与通信技术领域，华为是一家全球领先的企业，我认为华为的创始人任正非是一位国际运营型企业家。1998年，我受邀主持华为的人力资源项目。老实讲，我第一次去华为的时候，它就给我留下了深刻的印象。我每次去华为都能够感受到它的进步和成长。即便在华为面临困境时，我也始终坚信华为能够渡过难关。如今，华为已经成为行业的佼佼者。2013年，华为的销售额达到了2390.25亿元[①]，这是一个令人瞩目的数字。这一数据充分展现了华为的广泛影响力和竞争力，华为已经成功地将自己的品牌和产品推向了世界各地，这是华为实打实拼出来的。

华为的发展历程充满了坎坷和挑战。华为创立之初和其他中国企业没什么不同。任正非通过一次偶然的机会了解到了一个香港品牌的交换机。任正非找机会见到了这个品牌的老板，这位老板被他的真诚打动了，选择让华为做代理商。华为成为代理商后，任正非看到了市场的广阔前景并决定专注于这一领域。任正非曾坦言，他最初涉足这个领域时并未料到竞争会如此激烈。当时和华为竞争的都是世界500强企业，如爱立信、阿尔卡特、西门子等，华为作为一家新兴企业不得不面对巨大的挑战。当时中国有几所邮电学院和邮电研究所，但我国一直没有解决万门程控交换机的技术问题。

华为在初创时期吸纳了不少的人才，他们对现状不满，渴望获得更大的发展空间，于是选择加入华为。其中有不少硕士和博士，他们带着满腔热情来到深圳，希望在这里实现自己的价值。华为的研发人员夜以继日地努力工作，任正非会在他们疲惫时给他们讲志愿军在朝鲜战场上战胜敌军的故事。一位员工和我说，当时老板的一番话语让他们充满激情。到了年底，华为通知员工公司有虚拟股票，购买这些虚拟股票可以

[①] 华为投资控股有限公司2013年年度报告[EB/OL].(2014-03-31)[2024-03-24]. https://www.huawei.com/ucmf/groups/public/documents/attachments/hw_u_323374.pdf.

获得比较高的分红，但股票需要自己出资购买，不少员工就用自己的个人收入购买股票。

面对研发资金不足的问题，华为采取了两种策略。一是将部分研发技术转让给其他企业，从而获得一些利润；二是与众多电信局合作，成立了一个名为莫贝克的合资公司，生产不间断电源。在解决了研发资金不足的问题后，华为在1993年推出了C&C08数字程控交换机。在华为成功研发出了C&C08数字程控交换机后，国家也为之震惊。随后，华为开始尝试开拓市场。然而，由于华为的规模当时还比较小，北京、上海、广州、武汉等城市的市场很难被开拓，华为不得不将目光转向农村市场。农村市场当时已经被巨龙占据，但华为凭借其卓越的技术和敏锐的市场洞察力用1年的时间占据了市场。华为的员工付出了很大的努力，有的员工住在城乡接合部，那里的生活条件是比较艰苦的。为了推广华为的产品，员工们一手提着幻灯机，一手拿着产品说明书，挨家挨户地推销。在进军城市市场的过程中，华为采取了一系列有效的策略，成功地占据了城市市场。当时，我们国家认识到了电信基础设施的落后，允许外资企业进入中国市场。随着外资企业进入中国市场，华为认识到自己还与外资企业有着很大的差距，不仅在技术研发能力上比较薄弱，而且管理制度也存在一定的问题。后来，华为编制了属于自己的管理大纲——"华为基本法"。

"华为基本法"对华为的企业宗旨、基本经营政策、基本组织政策、基本人力资源政策、基本控制政策等内容进行了阐述。"华为基本法"的第一条明确指出："为了使华为成为世界一流的设备供应商，我们将永不进入信息服务业。通过无依赖的市场压力传递，使内部机制永远处于激活状态。"很多人认为第一条的内容是有问题的，因为进军高科技产业是存在风险的，相比之下，进军信息服务业是一个风险较小的选择。任正非认为，如果华为从事信息服务业，就会失去升级技术的动力；而且华为将客户的利益放在第一位，华为的客户就是从事信息服务业的，如果华为不专注于研发并进军信息服务业，就相当于抢了客户的饭碗。"华为基本法"的第一百零二条指出："要在实践中培养人、选拔人和检验人。要警惕不会做事却会处事的人受到重用。"我们知道，企业中总会有一些老好人，他们能让所有人都高兴，但不懂得脚踏实地地做事，任正非很不看好这种人。总的来说，"华为基本法"体现了华为的企业精神和狼性文化，强调了组织对华为的重要性，但它也存在一些问题。华为的目标是进军国际市场，想要进军国际市场，华为就要在企业管理上对标国际企业，但华为的狼性文化靠的是狠劲和拼搏精神。随着华为的不断发展，任正非开始意识到"华为基本法"和狼性文化的局限性，试图将国际化的管理理念和方法引入华为。

为了实现这一目标，华为聘请了IBM的咨询顾问，并花费巨资对华为的研发管理体系和供应链进行改革。IBM为华为带来了一套更加规范、更加符合国际市场需求的研发管理方法，这使华为在组织管理上更加高效。然而，一些华为的员工认为这种变革会给企业的发展带来很多束缚，会使大家很难适应，他们觉得新的管理方法不如过去的管理方法自由、灵活。这使得一些人开始质疑这种变革的价值和必要性。当时，一些国内的管理学学者认为具有中国特色的管理经验已经形成，因此，华为内部有人主张推行具有华为特色的管理方式。然而，任正非认为这种想法是不切实际的，他要求华为必须先执行国际通用的管理方法，然后在实践中逐步进行小的改进。他认为，被国际大企业广泛使用的先进管理模式源于它们多年的实践积累，具有很高的价值。他主张先僵化地执行这些管理方法,然后在实践中逐步优化和改进,如果形成了更好的方案,可以再把它们固定下来。这种思路被总结为"僵化—优化—固化"。这种改革使华为的人均绩效提高了不少。

几年之后,华为的冬天来了,销售额和利润的翻倍增长已不再成为可能。我曾问华为的一位员工是否了解华为 2001 年的销售目标,他的回答是销售目标为 400 亿元,挑战目标是 600 亿元。但结果却是令人失望的,那一年华为的销售额只比上一年增加了 5 亿元。更糟糕的是,2002 年华为的销售额还比 2001 年减少了。与此同时,中国电信行业正在经历大的调整,分拆和重组使国内市场充满了不确定性,国际市场也尚未被打开。在这个关键时刻,任正非面临多重困境。一方面,他失去了技术天才李一男,李一男离开了华为并在北京创立了自己的公司,他的公司吸引了不少华为的精英。另一方面,他的得力干将郑宝用病倒了。此外,任正非的母亲在车祸中离世,美国网络设备制造商思科指控华为"抄袭代码"。

面对这些困境,任正非展现出了坚韧的品质。华为在这段时期也展现出了其强大的组织能力。前面提到,为了解决资金不足的问题,华为与我国的多家电信局合作成立了莫贝克公司。后来,华为意识到与电信局建立合资企业会给华为未来的发展带来风险,因此,在资金问题有所缓解后,华为用高价回购了该公司的股份,并将其整合为华为电气,华为电气的市场收益主要来自不间断电源。在华为的冬天真正来临时,华为作出了一个重要决定,华为决定将华为电气卖给美国艾默生电气公司,这笔交易所涉及的交易金额高达 7.5 亿美元。在困难时期,为了留住优秀的人才,任正非在企业内部发表讲话,鼓励员工对公司保持信心。此外,很多华为的总监和高管主动提出降薪。"华为基本法"的第七十条是"公司在经济不景气时期,以及事业成长暂时受挫阶段,或根据事业发展需要,启用自动降薪制度,避免过度裁员与人才流失,确保公司渡过难关"。除此之外,华为还给优秀员工配股,给员工更多的激励。华为非常注重对技术机密的保护,每个员工都必须严格遵守信息安全规定。为了与思科抗衡,华为和美国的3Com公司共同创立了华为3Com,这家企业在香港注册,主要运营机构设在杭州。为了开拓国际市场,华为将最优秀的人才派至世界各地,并为他们提供优厚的待遇和福利。

任正非的组织能力非常强,他通过"华为基本法"凝聚了集体,宣传了理想主义,因此,华为吸引了一大批优秀的年轻人。华为汇聚了各类优秀人才,每个岗位的员工都展现出极高的职业水准。华为为员工提供了广阔的平台和快速提升能力的机会,这使他们在工作中迅速成长。华为在科研方面也取得了卓越的成就,华为的员工经常参加国际顶级学术会议并发表论文。在建立和完善管理体系的同时,华为也注重发扬自己的企业文化,尤其是艰苦奋斗的精神。华为强调奋斗者精神,要求员工积极进取、勇于接受挑战。在华为,你如果是一个奋斗者而不是劳动者,就要面对更多的挑战,与此同时,你也会获得更多的机会,得到更多的回报和认可。

作为一家国际化的企业,华为敢于迎接国际化所带来的挑战。华为内部研发系统的民主程度和自由程度是我们难以想象的,华为的员工可以自由地发表意见,其内部环境是开放而包容的。同时,华为熟悉国际法规和文化,善于与世界顶尖企业合作。任正非从50多岁开始学习英语,他经常与国际知名企业家打交道,这也是华为走向世界的一个重要标志。在国际市场上,华为经常要面对各种质疑。华为承受着极大的竞争压力，为了保持领先地位，华为的员工必须持续努力工作，长期的劳累可能会导致组织能力的衰竭，这无疑是一个值得关注的问题。另外，与美国企业相比，华为需要吸纳更多以事业为天职的专业主义者。

总的来说，我认为中国企业家可以被划分为三个类型，即政治智慧型、业务专精型和国际运营型。政治智慧型企业家于20世纪80年代中期崭露头角，当时我国处于由计划经济向市场经济转变的转轨期，企业所面临的挑战是政策上的变化。成功的政治智慧型企业家的主要经营策略包括：与外部保持和谐、争取政府的理解和支持、推动制度化和职业化、培养并扶持接班人。对于政治智慧型企业家而言，成功的关键是机缘。业务专精型企业家于20世纪90年代中后期崭露头角，在社会主义市场经济体制的背景下，企业所面临的挑战是市场需求的变化和激烈的市场竞争。成功的业务专精型企业家的主要经营策略包括：把握战略定位、创造新的业务模式、熟悉客户需求、掌握理论和实践经验。对于业务专精型企业家而言，成功的关键是专长。国际运营型企业家于21世纪初崭露头角，在这一时期，社会主义市场经济体制开始走向成熟，但国际市场及国外的社会文化环境给中国企业的发展带来了挑战。成功的国际运营型企业家的主要经营策略包括：整合国际资源、遵守国际规则、文化开放。对于国际运营型企业家而言，成功的关键是组织。

我们常常思考中国企业领导力和西方企业领导力有什么不同。大家可以看一下图6-3，在探讨领导力的时候，我们一直在讨论企业及其外部环境。我们知道，每个年代的环境、企业都会发生变化。那企业家会发生变化吗？是的，企业家也会发生变化。我认为只有环境、企业和企业家这三者相互协调、相互促进，一家企业才能成功地走过当前的时代，并迈向下一个时代。企业在积累了成功的发展经验后可能会出现惰

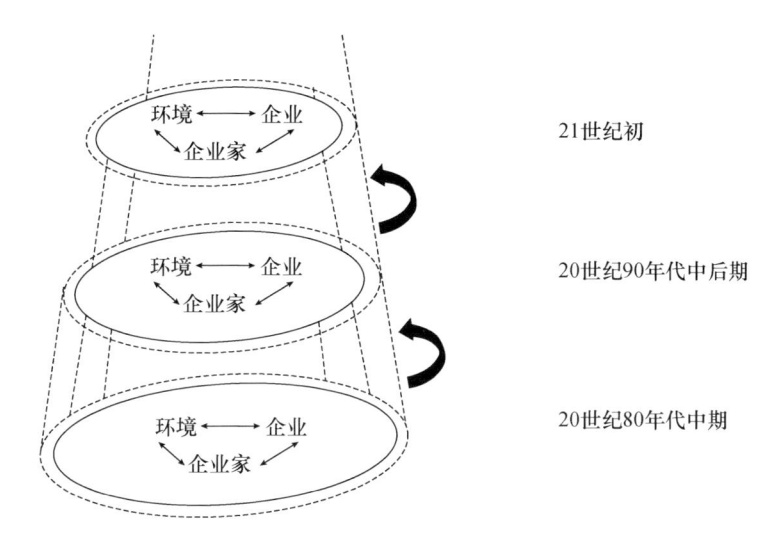

图 6-3　20 世纪 80 年代中期至 21 世纪初环境、企业及企业家的和谐关系

性，企业如果出现了惰性，就很难应对后续的变化。我认为真正卓越的企业能够在横向上与各个方面维系和谐的关系，而且能够真正做到与时俱进、自我批判。

这就是我今天想和各位同学交流的内容，谢谢！

2014 年 4 月 24 日

（根据讲座录音整理，已经本人审阅）

第七讲

从西潮到东风

林毅夫

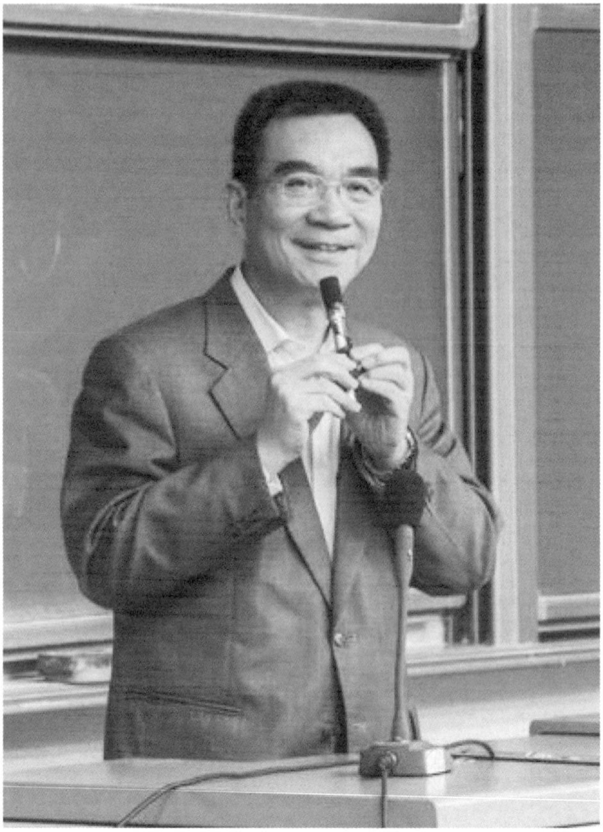

作者简介

林毅夫，1982年毕业于北京大学经济学系政治经济学专业，获经济学硕士学位。1986年毕业于美国芝加哥大学经济系，获博士学位。1986—1987年，任美国耶鲁大学经济增长中心博士后。1987—1993年，任国务院农村发展研究中心发展研究所副所长、国务院发展研究中心农村部副部长，兼任北京大学经济学院副教授。1993—1994年，任北京大学经济学院教授。1994—2008年，任北京大学中国经济研究中心主任。2005—2012年，任全国工商联副主席。2008—2012年，任世界银行高级副行长、首席经济学家。2012年至今，任北京大学国家发展研究院教授、名誉院长。2013—2022年，任全国工商联专职副主席、中国民间商会副会长。2015年至今，任北京大学新结构经济学研究院院长，南南合作与发展学院院长、教授。荣膺英国科学院外籍院士、发展中国家科学院院士，荣获美国、英国、加拿大、法国等地的10所大学的荣誉博士学位。主要研究领域为新结构经济学。代表作品有《战胜命运：跨越贫困陷阱，创造经济奇迹》《超越发展援助：在一个多极世界中重构发展合作新理念》《繁荣的求索：发展中经济如何崛起》《新结构经济学：反思经济发展与政策的理论框架》《从西潮到东风：我在世行四年对世界重大经济问题的思考和见解》《解读中国经济》《本体与常无：经济学方法论对话》等。

内容简介

2008年，国际金融危机爆发，这场危机的爆发标志着全球经济进入了一个新的时代，它对全球经济的发展产生了深远的影响。在本讲中，林毅夫教授从自己在世界银行做首席经济学家的经历出发，对2008年国际金融危机的原因进行了分析。在学界，相当多的人认为国际金融危机的爆发主要与中国的国际收支不平衡有关，而林毅夫教授认为此次危机主要与20世纪80年代以后美国开始推行金融自由化和2001年互联网泡沫破灭后美联储的货币应对政策失误有关。各国如何应对这场国际金融危机？林毅夫教授认为，短期的援助只是止痛药，并不能从根本上解决问题，各国可以通过实行超越凯恩斯主义的复苏计划来应对此次危机。

视 频 节 选

第七讲 从西潮到东风

很高兴有机会跟北大的同学和老师们交流。我从美国回来以后写了一本书,书名是《从西潮到东风:我在世行四年对世界重大经济问题的思考和见解》,我想利用这次机会跟各位谈谈书中的一些主要观点。

2008年6月1日,我出任世界银行首席经济学家兼高级副行长,这对我来说是一个极高的荣誉。世界银行自1945年成立以来一直是世界上最重要的国际经济发展机构之一。在我任职之前,世界银行已有8位首席经济学家,他们在国际上都是大师级的学者,其中包括诺贝尔经济学奖获得者约瑟夫·斯蒂格利茨。他们不仅在学术界享有很高的声望,还拥有丰富的从政经验。他们中有的人曾担任过美国白宫经济顾问委员会主席、美国财政部部长,有的人是非常知名的大学教授。我从未想过自己有机会担任世界银行首席经济学家兼高级副行长,因为那几位经济学家都是我仰慕已久的学者。在上大学时,我读的基本上都是他们的著作。

世界银行的主要任务是帮助发展中国家发展经济、摆脱贫困。在2008年年初接到世界银行的任职邀请时,我感到非常幸运,同时我也觉得既然得到了这样的机会,就要做出一些贡献。我想做的贡献当然与世界银行成立之初的目的有关,我希望能够帮助发展中国家发展经济、摆脱贫困。事实上,这也与我研究的领域息息相关。我曾在美国读书,然后回到国内工作并在北大教书。我曾在国内参与过改革开放政策方面的讨论，开展过不少研究，也写了不少文章，这些工作使我有了一些心得。2007年，我应邀到剑桥大学做一年一度的马歇尔讲座，我在讲座上对这些心得体会进行了比较细致的梳理。我回顾了发展中国家自工业革命以来的发展历程。我们可以发现，发展中国家的政府和各界人士都在努力，希望缩小本国与发达国家的差距，但大部分国家都失败了。因此，我想分析其中的原因，并试图找出一种新的理论，从而帮助发展中国家改变命运。

我在世界银行工作时想沿着这个思路去开展工作。然而，我在世界银行工作时遇到的问题与我之前的预期有很大的差距。在世界银行任职时，我遇到的最大问题是世界粮食价格高涨、石油价格高涨，各国都要面对通货膨胀所带来的压力。粮食价格高涨对发展中国家的影响非常大。有相当多的发展中国家是粮食进口国，粮食价格高涨会导致粮食进口成本上升，从而推动国内粮食价格上涨。很多发展中国家都有一大批没有土地的低收入人群，他们中的一些人甚至没有工作，粮食价格高涨会对他们的生存产生威胁。2008年的时候，全世界有30多个国家因为粮食价格高涨而爆发社会动乱。因此，在来到世界银行后，我要处理的第一件事情就是帮助这些发展中国家渡过难关。面对粮食价格的高涨，世界银行当然会给出一些成熟的解决方案。世界银行会要求这些发展中国家的政府健全社会保障体系，向贫困人口提供必要的帮助，至少帮助他们解决温饱问题。

在讨论如何应对粮食价格高涨带来的挑战时，我向世界银行的同事提出了一个问题——解决了通货膨胀问题后是否会出现通货紧缩。我提出这个问题后，同事们哈哈一笑，认为不可能出现通货紧缩，因为他们相信现代宏观经济理论已经非常成熟。他们认为，如果一个国家出现持续性通货膨胀，只要政府采取紧缩的货币政策，通货膨胀的问题就会得到解决；同样地，政府也可以通过货币政策和财政政策的实施来解决通货紧缩的问题。发达国家在20世纪80年代后出现了将近20年的经济波动特别小的时期，这段时期在经济学上被称为"great moderation"，也就是"大缓和"的20年。因此，当时他们相信通货紧缩的问题是不会出现的。

为什么我当时担心各国会出现通货紧缩呢？对经济学家来说，通货膨胀的问题比较容易被解决，但如果出现了通货紧缩，经济很容易陷入恶性循环。我当时认为这种可能性是不能被排除的，因为全面的通货膨胀意味着在过去的六七年中世界各国的投资增长得非常快，需求增加得非常多。如果在解决了通货膨胀问题的同时需求下降了，各国就可能出现生产能力过剩的问题，这样就有可能导致通货紧缩，而且一旦出现通货紧缩，各国的经济就很容易陷入恶性循环。

我的很多同事都认为这种情况不可能出现，但不幸的是，2008年9月雷曼兄弟公司破产后，世界各国面临的挑战就是通货紧缩。也就是说，大家在2008年6月讨论通货膨胀的时候，对于即将出现的国际金融危机是毫无准备的。直到2009年年初，世界上绝大多数的经济学家都认为这场危机是短期的，他们认为这场危机在半年后或1年后就会过去，各国的经济很快就会恢复正常，我的世界银行的同事也是这么认为的。因此，从这个角度来讲，大家对这场国际金融危机的认识是非常不足的。

2008年8月，我参加了一场由美国联邦储备银行召开的高级金融经济会议。会议邀请了众多国际金融界的重要人物和知名学者。会议在一个叫杰克逊霍尔的风景区举行，这场会议又被称为杰克逊霍尔全球央行年会。杰克逊霍尔全球央行年会是一个相当高端的学术研讨会，参会者所探讨的是当前全球最重要的财经问题。作为世界银行的首席经济学家，我第一次应邀参加杰克逊霍尔全球央行年会，我参加的那场会议主要讨论的是在当时备受人们关注的美国次贷危机及其发展趋势。美国次贷危机爆发于2007年，它给金融市场带来了一定的冲击。让我印象最深刻的并不是会议本身，而是在世界银行前行长沃尔芬森的庄园里举行的一场晚宴。沃尔芬森邀请了不到10个人，这些人都是他的好友，其中包括时任美联储主席本·伯南克、即将成为美国财政部部长的拉里·萨默斯、以色列央行行长等。大家在晚宴上讨论了一个问题——次贷危机在30年后是否会被人们遗忘？经过一段时间的讨论，大家认为虽然次贷危机对金融市场产生了一定的影响，但其规模相对较小，其所牵涉的资金仅为7000亿美元。他们认为，对于整个金融市场而言，这只是九牛一毛，因此他们认为次贷危机能够被轻易地摆平。当时我在这个小规模的晚宴上向旁边的一位重要人物提问，我问他为什么认为次贷危机在30年后会被人们遗忘。他表示，人们对次贷危机的产生原因非常熟悉，因此人们不会重蹈覆辙。他认为人们很清楚20世纪30年代的经济大萧条、墨西哥金融危机、东亚金融危机、俄罗斯金融危机为什么爆发，人们不会再犯同样的错误。但我对他的回答感到诧异，我问他，既然每一次危机的触发原因都各不相同，那我们如何保证次贷危机的产生原因在人们的意料之中。在我问完这个问题后，大家哈哈一笑，他们觉得没有什么东西是他们所不了解的。

几个星期后，让大家意想不到的事情果然出现了——雷曼兄弟公司破产了。雷曼兄弟公司的破产跟次贷危机是有关系的，这场次贷危机最后演变为世界性的金融危机。在那段时间，各种金融创新产品和金融衍生品层出不穷，而人们也很难弄清楚这7000亿美元与各种金融衍生品之间的复杂关系。众所周知，信心对金融行业是最重要的。如果信心崩塌，人们的第一反应就是收紧资金，这会导致经济体系中的血液被迅速抽干，使危机蔓延至全球。回想起来，在这场危机发生之前，决定世界经济命脉的官员和宏观经济学界的大师级人物都没有意识到危机的到来，他们有着十分丰富的政策经验，并且认为一切都在掌控之中。2008年9月，雷曼兄弟公司破产给世界经济带来的冲击比1929年纽约股市崩盘所引发的经济大萧条给世界经济带来的冲击还要大。发达国家的金融市场出现了崩盘，这对发展中国家也产生了很大的冲击。当时我在世界银行任职，这些问题需要我尽快处理。当时，发达国家的股票下跌了40%，发展中国家的股票普遍下跌50%以上。由于发达国家的需求下降，进口需求减少，发展中国家的出口也减少了。因此，发展中国家也面临危机，很多发展中国家的失业率大幅上升。

作为世界银行首席经济学家，我的工作是帮助发展中国家应对危机。想要帮助发展中国家应对危机，我首先需要判断这次危机是短期的还是长期的。如果这次危机是短期的，那么发展中国家的政府可以像应对通货膨胀和粮食价格上涨一样，通过完善社会保障体系帮助那些暂时失去工作和没有收入的人渡过难关。如果这次危机是长期的，仅仅依靠社会保障可能并不足够，因为失业率可能一直维持在高位。如果政府只是在不断发放救济金，财政赤字会迅速加剧。当时，世界银行和国际货币基金组织的大多数经济学家都认为这只是一场短期危机。他们根据历史经验认为，自第二次世界大战以来，发达国家的金融危机通常会在3个季度至7个季度内结束。自20世纪80年代以来，发达国家一直处于所谓的"大缓和"时期，也就是说，发达国家对宏观政策的应用已经非常成熟了。因此，很多专家认为即使这场危机来势汹汹，只要发达国家的政府出手解决问题，健全社会保障体系，危机最多只会持续7个季度。

当时我开玩笑似的问他们是否看过《圣经》。《圣经》中有一个故事，故事中提到，7年丰收之后可能会接着出现7年饥荒。我认为这场危机可能不是7个季度的短期危机，而是7年的长期危机，我作出这个判断是有原因的。在过去的六七年中，全世界的发达国家和发展中国家都进入了快速增长阶段，这背后有消费增长和大量投资的支撑。如果全球危机来势汹汹，需求萎缩得非常严重，可能会导致全球通货紧缩，全球经济会进而陷入恶性循环。

其他人普遍认为我太悲观了，当时他们都不相信我的观点，并认为这场危机并不是长期的。如果这场危机是长期的，失业率会一直维持在非常高的水平。在这种情况下，为了维持社会稳定，政府必须增加支出，重视社会救济，但这会使政府的财政赤字积累得非常快。如果政府的财政赤字积累得过快，政府会为了偿还债务而增加税收。一般来说，政府会通过通货膨胀或提高税率的方式增加税收。不管采用哪种方式，政府大量增加税收会导致人们对未来持悲观态度，从而影响消费和投资。因此，我当时认为这将是一场长期的危机。

既然政府的财政赤字一定会增加，那为什么不将增加的财政赤字用于投资呢？尤其是那些能够有效解决经济增长瓶颈的投资。在短期内，投资的效果和发放社会救济金的效果是一样的，因为投资也有助于创造就业机会并扩大需求。就业岗位增加了，人们的工资就会增加，政府也就不需要再发放社会救济金了。同时，投资还会对经济的发展产生积极作用。一方面，项目的建成有利于生产率和经济增长率的提升；另一方面，在危机过去后，投资会使经济发展速度加快，政府的财政收入会增加，政府就可以用增加的财政收入偿还债务。在这种情况下，人们不会因为短期内政府财政赤字增加而对未来持悲观态度。这种干预是超越凯恩斯主义的干预。凯恩斯主义认为，只要政府花钱，不管是用于社会救济还是用于其他方面，都属于积极的财政政策。如果将这些钱用于社会救济或其他方面，短期内当然可以扩大需求、创造就业；但如果生产力水平没有得到提高，政府未来还是会增加税收，这会导致大家对未来更为悲观。然而，如果政府将这些钱用于有效投资，就可以起到一石二鸟的效果。

当时，我认为在应对2008年的这场突如其来的国际金融危机时，发展中国家需要快速为失业人员提供必要的保护措施，但政府也应当实施投资性政策，政府应在这两方面双管齐下。世界银行的同事和国际货币基金组织的经济学家们更倾向于采取短期措施，因此，他们不太赞成我提出的投资计划。不过幸运的是，当时担任世界银行行长的罗伯特·佐利克最终还是听取了我的建议，并将加强社会救济和加强政府对基础设施的投资作为世界银行帮助其他发展中国家渡过难关的重要政策措施。面对这场来势汹汹的国际金融危机，G20峰会于2008年在华盛顿召开了，各国在G20峰会上达成了一个共识。各国决定通过采取三个政策措施来共同应对这场危机。

第一个政策是，如果一个国家出现了金融危机，那么本国政府应当出手解救本国的金融机构。这是各国从20世纪30年代的经济大萧条中吸取的教训。当时纽约股票市场出现了崩盘，大家都对金融机构失去了信心，但是政府没有出手去帮助金融机构，这就导致大量的银行倒闭，一些好的企业也无法得到流动资金，所以这次各国要吸取当时的经验和教训。第二个政策是政府要采取积极的财政政策，加强社会保障。第三个政策是坚持自由贸易主义。在国际金融危机发生时，各国会普遍出现失业率上升的情况。大多数人认为，如果国内的失业率增加，那就要减少进口，只要国内的需求得到了满足，就有利于创造更多的就业机会。但是如果各国都实行贸易保护主义，出口国会就会减少出口，失业率就会上升，出口的需求就会减少，其所导致的结果是各国的失业率都会上升，于是各国都将陷入"囚徒困境"。这也是各国从20世纪30年代的经济大萧条中得到的经验和教训。

总的来说，不管国内的状况如何，政府还是应当继续推行积极的财政政策，采取自由贸易主义。这些政策的联合实施的确避免了20世纪30年代的糟糕情况再次出现。我们国家也采取了积极的财政政策，而且我国政府出手非常快，最终的效果也非常显著。我们国家的经济在2009年的第一季度就率先表现出了质的回升，其他新兴经济体的经济也普遍在2009年的第二季度有所回升，发达国家的经济回升普遍出现在2009年的下半年。

随着经济的回升和复苏，不少人提到了"绿芽论"，这涉及2010年我与一位经济学家进行的一场讨论。每年10月，世界银行和国际货币基金组织都会召开一场年会，这场年会是全球最重要的金融经济会议之一。一般来说，国际货币基金组织的经济学家、世界银行成员国的财政部部长和中央银行行长都会参加。在会议上，国际货币基金组织与世界银行会发布一份报告，对全球的经济形势进行展望，分析当前所要面对的挑战和未来的发展前景，并为各国提出宏观的经济政策方面的建议。2010年10月的报告指出，发展中国家和发达国家的经济都已止跌回升，因此，发达国家应当退出积极的财政政策，发展中国家也应如此。国际货币基金组织认为世界经济已出现质的回升，如果继续推行积极的财政政策，政府的财政赤字会继续累积；如果财政赤字继续累积，就会使所有企业和家庭对未来失去信心；如果企业和家庭对未来的预期发生了变化，即使政府用积极的财政政策去启动投资和消费，企业和家庭也会减少投资和消费，其造成的结果是政府的财政支出增加，但总需求不增加。因此，国际货币基金组织认为，如果想要增强企业和家庭对未来的信心，政府就应当退出积极的财政政策。

如果大家关注世界经济，就会发现当时国内有很多人在讨论这个话题。我认为，全球经济虽然确实出现了质的回升，但还没有恢复到2008年以前的水平。实际上，发达国家的经济在2013年才基本恢复到2008年以前的水平，那时很多国家的实体经济还没有恢复到2008年以前的水平，这意味着这些国家还存在严重的产能过剩的问题。如果各国出现了产能过剩的情况，政府退出了积极的财政政策，减少了对消费和投资的支持，通货紧缩就会重新出现，消费和投资就会减少。在这种情况下，民营企业会不会投资？不会。此外，如果政府在失业率仍然相当高的情况下退出了积极的财政政策，需求就会减少，失业率就会继续上升。在这种情况下，经济发展速度会放缓，失业率会增加，大家对未来的预期也将是悲观的。退出积极的财政政策的目的是什么？是减少财政赤字。但是如果经济发展速度因政府退出积极的财政政策而放缓，失业率增加，那么政府一定会在社会保障上投入更多的钱，这样一来，财政赤字同样会增加。所以我的观点是，无论政府是否退出积极的财政政策，只要存在严重的产能过剩的问题，政府的财政赤字就会增加。

当时我并不认为各国政府应当退出积极的财政政策，我认为问题的关键不是政府是否要退出积极的财政政策，而是政府如何提高积极的财政政策的质量。如果财政赤字增加得太多，大家会对未来失去信心。在这种情况下，政府不应当退出积极的财政政策，而应当将财政赤字转化为有效的投资，以在短期内创造更多的就业机会，这样政府就可以减少社会救济方面的支出。此外，从长期来看，这也有助于提高生产力和经济增长率。当时，我在国内和国际上从未被认为是宏观经济学家，因为我最早发表的文章主要与农业经济有关，后来我发表的文章主要与中国改革有关。我们可以看到，很多发达国家在2010年退出了积极的财政政策，和我的预期一样，它们的经济增长速度放缓了，失业率上升了，政府的财政赤字也增加了。2011年，世界银行和国际货币基金组织在年会上向各国推荐的政策正是我前面所提到的政策。

上个月，我参加了世界银行和国际货币基金组织的春季会议。我发现大家在会议上提出的政策建议仍然与我在2008年国际金融危机刚发生时提出的建议相同。具体来说，在产能过剩严重且经济处于困境的情况下，为了维持社会稳定，政府应当采取反周期的积极的财政政策。采取反周期的积极的财政政策的关键在于提高其质量。也就是说，我们要将短期的反周期措施与长期的经济增长相结合。

在世界银行工作的这几年中，我面临的最大挑战是理解这场国际金融危机爆发的原因。在这场国际金融危机爆发之前，全世界在相当长的一段时间内出现了国际收支不平衡的情况，即全球盈余不平衡。一方面，美国的对外贸易赤字急剧增加；另一方面，东亚经济体的贸易顺差急剧增加，尤其是中国。当时学界和媒体的主流观点是，国际收支不平衡使那些账户经常有剩余的国家积累了大量的外汇，这些国家用外汇购买美国国债，从而压低了美国的利率；在低利率的政策环境下，房地产投机行为大量增加，这就导致了房地产泡沫的出现，正是泡沫的破灭引发了这场国际金融危机。这种观点在学界非常流行，提出这种观点的都是国际知名学者。实际上，我们可以通过建立理论模型来解释这种情况。如果发展中国家或世界上的其他国家有大量的外汇积累并购买了美国国债，美元的利率就会下降，利率下降当然会使投机行为增加。理论模型似乎与人们所观察到的现象一致，因此，很多学者认为国际收支不平衡是国际金融危机爆发的根本原因。

是什么导致了国际收支不平衡？国际上存在三种主流观点。第一种观点认为，东亚经济体实行出口导向型政策，出口量增加导致贸易顺差增加，进而使这些国家积累了更多的外汇。第二种观点认为，东亚经济体在1998年亚洲金融危机爆发后吸取了经验和教训，这些东亚经济体认为如果外汇储备不足，即使经济发展形势良好，也可能遭受国际金融炒家的攻击，从而导致货币崩盘并造成金融危机。因此，东亚经济体为了自保而开始积累外汇储备，它们主要通过增加出口的方式来积累外汇储备。第三种观点认为，国际收支不平衡是因为中国压低了人民币汇率，并且加大了外汇储备。这三种观点在国外非常流行，也有很多国内的学者支持这些观点。我仔细研究了这些观点，从局部上看，每个观点似乎都有一定的合理性，但从整体上看，这些观点并不完全准确。

我们先来看第一种观点。第一种观点认为，东亚经济体实行了出口导向型政策，从而导致国际收支不平衡。韩国等国家在20世纪50年代就开始实行出口导向型政策，而中国是在改革开放后才开始实行这种政策的。但是在2000年之前，东亚经济体的对外贸易基本上是均衡的，即使有盈余，也只盈余了一点，而且不少东亚经济体还经常出现贸易赤字，比如韩国。中国从1994年开始才持续出现贸易顺差。国际收支不平衡的问题是在2000年之后才变得越来越严重的，但东亚经济体已经实行了半个多世纪的出口导向型政策了，该政策在中国也已经实行了很多年了。那么为什么以前没有出现这些问题，现在却出现了呢？想要解释这一问题，就必须找到新的政策原因，我们不能总是用老的原因来解释最新的变化。因此，我认为这个观点基本上是不成立的。

第二种观点认为，东亚经济体从1998年的亚洲金融危机中吸取了教训，所以在危机复苏后开始通过增加出口的方式积累外汇。2002年以后，东亚经济体的贸易盈余和外汇积累的确在不断增加。东亚经济体的贸易盈余是外汇积累增加的主要原因吗？我觉得可能不是。为什么？我们可以看看世界上的其他经济体。很多国家的货币都是国际储备货币。什么是国际储备货币？这种货币可以在国际上通行，有债务的时候，政府可以通过印钞票的方式还债，想买东西就可以通过印钞票的方式买东西，这些国家并不担心国际金融炒家攻击本国的货币，因为它们可以无限多地印钞票。我们再看看东亚经济体，在2002年以后，中国、韩国等东亚经济体的贸易盈余确实增加了，可是德国等国家的贸易盈余也在以同样的速度增加。然而，德国等国家根本就没有必要通过增加贸易盈余的方式来积累外汇。此外，如果东亚经济体用扭曲政策、政府干预的方式积累外汇、增加贸易盈余，那对于发展中国家来说就基本上属于零和博弈了。如果第二种观点是正确的，那么与东亚经济体竞争的国家的贸易盈余应当减少，它们的外汇储备也应当减少，可是实际情况却不是这样的。2002年以后，东亚经济体的贸易盈余在增加，但世界上的其他发展中国家的贸易盈余同样在增加，它们的外汇储备也同样在增加。即使中国的外汇储备增加得多一些，东亚经济体的外汇储备也增加得多一些，其他发展中国家的外汇储备同样在增加，所以我认为第二种观点是与实际情况不符的。

第三种观点认为，我国压低了人民币汇率是造成国际收支不平衡的主要原因。这种观点比前两种观点更盛行，支持这种观点的人更多。这一观点最早是日本在 2003 年的春天提出的，日本认为我国压低了人民币汇率，从而使我国的出口竞争力变强。到了 2003 年的秋天，支持这一观点的人就更多了。那时候我在北大教书，我也参与了这场讨论。我们可以仔细分析一下，2003 年中国全年对外贸易顺差为 255 亿美元[①]，1998 年中国全年对外贸易顺差为 436 亿美元[②]。也就是说，我们国家 2003 年的贸易盈余比 1998 年少。1998 年，东亚出现了金融危机，当时人民币没有贬值，所以当时国际的主流观点是人民币币值是被高估了的。后来，国际的主流看法突然变为人民币币值被严重低估。如果人民币币值被严重低估，2003 年的贸易盈余应当比 1998 年多很多，但实际情况并非如此。我们可以看到，从 2003 年到 2005 年，中国的贸易盈余增加了很多，但是我国的对外贸易存在一个很特殊的现象，虽然我国对美国的贸易顺差非常多，但我国对其他国家和经济体的贸易顺差却并不多。所以从美国的角度来说，人民币币值是被低估的，但是对于其他东亚经济体和欧洲的一些国家来说，我国的贸易赤字是在不断增加的。如果人民币币值真的被严重低估了，那么中国对各国和各经济体的贸易顺差也应当增加，但是这种现象并没有出现。因此，我们不应当认为人民币币值被低估了。

第三种观点的支持者认为东亚经济体的贸易顺差非常大，尤其是中国。他们认为这使中国积累了很多外汇，压低了美国的利率，从而导致了

---

① 国家统计局.中华人民共和国 2003 年国民经济和社会发展统计公报 [EB/OL].（2004-02-26）[2024-03-20]. https://www.stats.gov.cn/sj/tjgb/ndtjgb/qgndtjgb/202302/t20230206_1901947.html.

② 国家统计局.中华人民共和国 1998 年国民经济和社会发展统计公报 [EB/OL].（2001-10-22）[2024-03-20]. https://www.stats.gov.cn/sj/tjgb/ndtjgb/qgndtjgb/202302/t20230206_1901942.html.

美国的房地产泡沫，房地产泡沫破灭引发了国际金融危机。他们的逻辑似乎是自洽的，但我们可以看看实际情况。2001年1月3日，美联储将利率从6.5%下调至6%。2003年6月25日，美联储将利率从1.25%下调至1%。[1]我国的贸易顺差从2003年开始迅速增加，2005年我国的贸易顺差为1019亿美元[2]。然而，2003年6月至2005年12月，美国的利率已经从1%提升到了4.25%。[3]因此，2001年至2003年美国利率的下降并不是由中国的贸易顺差导致的。如果一个理论的逻辑是自洽的，那么它的推论应当与人们所观察到的现象一致，并且不仅与一个现象一致，还与所有已知的现象一致。

前面我们提到，解释国际收支不平衡的三种观点都有一定的合理性，而且如果不作其他推论，这些观点与部分现象也是一致的，但在这种情况下，我们不能轻易地认同这些观点，我们可以多进行几次推论，看看理论与现实究竟是否一致。

这三种观点的共同特点是什么？它们的共同特点是认为这场国际金融危机源于国际收支不平衡，而国际收支不平衡都是由东亚经济体的政策造成的。因为不管是出口导向型政策，还是人民币币值被严重低估，这些观点都在将矛头指向东亚经济体。其实，国际收支不平衡包含两个方面。一方面，东亚经济体和某些国家的外汇储备、贸易盈余不断增加；另一方面，美国的贸易逆差越来越大。国际收支不平衡实际上体现的是

---

[1] 数据简报：1990—2013年美国联邦基金利率变化表[EB/OL].（2013-08-21）[2024-03-20]. http://intl.ce.cn/specials/zxxx/201308/21/t20130821_24680300.shtml.

[2] 国家统计局.中华人民共和国2005年国民经济和社会发展统计公报[EB/OL].（2006-02-28）[2024-03-20]. https://www.stats.gov.cn/sj/tjgb/ndtjgb/qgndtjgb/202302/t20230206_1901949.html.

[3] 同[1]。

美国与世界其他国家在对外贸易上表现出的不平衡。

这三种观点基本上都提到了东亚经济体，但是我们知道，美国和东亚经济体的贸易逆差从20世纪五六十年代开始就一直存在，这种现象并不是2000年以后才出现的。20世纪90年代，美国对东亚经济体的贸易逆差几乎是美国国际贸易逆差的二分之一。2000年以后，美国的国际贸易逆差增加了，但是美国对东亚经济体的贸易逆差所占的比重却下降了。这说明了什么？这说明东亚经济体对美国贸易逆差的影响在不断减小。在这种情况之下，我们如果想清楚地了解这场国际金融危机的产生原因，就应当找到一个新的能够解释所有现象的理论。为什么美国的贸易逆差增加了？为什么东亚经济体的贸易顺差增加了？为什么其他发展中国家的贸易顺差增加了？为什么其他发展中国家的外汇储备增加了？为什么日本、德国等发达国家的贸易顺差也在增加？一个理论如果是正确的，就应该能够解释我们所观察到的所有现象，而不只是某个局部的现象。

来到世界银行以后，我常常跟大家讨论问题，只要一讨论问题，大家就会说我在替中国政府辩护，所以他们基本上不和我严肃地讨论问题。世界银行、国际货币基金组织有一个不成文的规定，那就是大家都不能质疑美国的政策，大家认为美国的政策都是正确的。

我认为，导致上述所有现象的主要原因是美国自身消费需求的突然增加和美国财政赤字的增加。为何会出现这种情况呢？我们知道，美国自20世纪80年代以来推行里根主义，倡导各种自由化，其中也包括金融自由化。当然，欧洲各国也同样在追求各种自由化，这种自由化主要表现为金融自由化，即减少对金融机构的监管，允许金融机构跨领域经营。减少对金融机构的监管有什么好处呢？减少监管就使金融机构有了更多创新的机会，它们的积极性也更高，这也会导致金融的高杠杆化。什么是高杠杆运营？高杠杆运营是指金融机构通过减少准备金、增加贷款的方式将储户的储蓄资金以更高的倍数放贷，从而获取更多的收益。举个例子，在放松监管前，1块钱的储蓄最多只有5块钱的乘数效应；20世纪80年代，金融自由化使政府的监管更为宽松，政府允许金融机构减少准备金，1块钱的储蓄有10块钱的乘数效应。在这种情况下，银行可用于贷款的资金就大量增加，这些增加的资金被用于各种投资活动，包括房地产投资和股票市场投资等。

2001年，互联网泡沫破灭，从理论上看，泡沫破灭会导致财富消失，进而导致美国家庭需求减少，这可能会引发一段时间的经济萧条。当时，艾伦·格林斯潘担任美联储主席，为了防止美国因互联网泡沫破灭而陷入经济危机，美联储连续降息20多次。低利率加上高杠杆意味着市场上存在着大量的流动性资金。这使更多人从事短期的投机套利活动，于是大量资金涌入股票市场。20世纪80年代以后，美国的房价开始上涨，涨幅较为稳定，但房价在2002年至2003年急剧上涨。此外，金融创新活动还使更多普通家庭将因房价上涨而产生的财富套现。在美国，大多数人通过按揭购买房产。打个比方，一个人如果要购买房产，就必须将30%的自有资金用于支付首付，对于剩下的70%的房款，购买者可以向银行申请贷款。然而，在房价急剧上涨的那几年，原本价值100万美元的房产可能涨到了200万美元。在房价上涨和银行利率下降的背景下，美联储鼓励普通家庭按照新的房价去银行办理按揭贷款。如果一个家庭的房产原本价值100万美元，现在涨到了200万美元，他们就可以借到更多的钱。假设他们交了30%的首付，就可以借到140万美元。由于当时的利率较低，他们可以选择提前偿还之前的70万美元的贷款，这样他们的手头上会多出 70 万美元的现金。这种金融创新鼓励家庭消费，鼓励人们参与各种投资活动，这导致普通家庭的负债急剧增加。20 世纪 90 年代，美国家庭的平均债务约占可支配收入的 70%；到了 2006 年，这一比例上升至 130%。美国家庭债务的增长主要与房地产按揭贷款有关，因为人们在拿到现金后会进行大量的消费。此外，在"9·11"恐怖袭击事件发生后，美国发动了阿富汗战争和伊拉克战争，战争使美国政府的支出大幅增加，美国政府的财政赤字也大大增加。总的来看，美国家庭的赤字和美国政府的财政赤字都大幅增加。

为了满足增加的消费需求，美国必须大量进口商品。东亚经济体生产了大量满足美国消费需求的产品，特别是中国，因此我国对美国的贸易顺差大幅增加。然而，其中涉及的贸易主要是加工贸易，这些贸易大部分是从新加坡、日本、韩国等发达国家转移过来的。日本等经济体过去将最终产品卖给美国，但随着日本工资水平的不断提高，大部分加工贸易被转移到了中国，而加工贸易所需的中间原材料和关键机器设备主要来自其他东亚经济体或发达国家。因此，我国对一些发达国家的贸易逆差不断加大。低利率政策造成美国国内的房地产市场出现泡沫，并使居民消费激增。这种低利率政策也导致美国的金融炒家更加活跃，因为美元是国际储备货币，它可以在全球范围内流通。这些金融炒家在房地产市场和股票市场从事投机活动，这使得大量低息的美元流入了国际市场。

为什么会有大量的美元流向国外？这是由低利率和高杠杆造成的。这些资金除了流向美国国内的投机活动，还流向了资金价格较高的发展中国家。一部分资金进入了具有投机性质的房地产市场和股票市场，另一部分则进入了投资领域。无论是短期投机还是投资，它们都会使发中国家的经济更加繁荣，并使其需求增加。需求的增加会导致发展中国家对粮食、原材料的需求增加。因此，从2000年开始，国际粮食价格和原材料价格不断上涨。同时，由于发展中国家所需的机器设备往往来自发达国家，如日本和德国，这些发达国家对发展中国家的贸易顺差不断增加。此外，生产原材料的发达国家和发展中国家（如澳大利亚、加拿大、巴西和非洲国家）的出口额也因为原材料出口价格的上涨而增加，这些国家的贸易顺差和贸易盈余也随之增加。除了美国的贸易顺差在不断减少，其他大部分国家的贸易顺差和贸易盈余都在增加。

无论外汇是由国外投资者带来的，还是出口企业赚取的，人们在某个国家使用外汇时都必须将外汇兑换成当地货币。外国人如果想要在我们国内使用这些资金，就必须将它们兑换成人民币，其他国家也是这样的。将外汇简单地存放在中央银行的保险库里是没有什么收益的。人们如果想要获得更多的收益，就可以购买美国国债或其他相对安全的金融产品，比如一些美国房地产公司的债券。总而言之，发展中国家积累了大量外汇储备实际上是由美国政府所采取的政策导致的。美国政府通过低利率政策和允许高杠杆运营的金融政策创造了大量的资金。这些资金中的一部分支撑起了美国国内的房地产泡沫和股市泡沫，另一部分则通过贸易逆差或资本账户流入了发展中国家。实际上，美国政府的政策不仅影响了美国的金融自由化进程，也影响了欧洲国家的金融自由化进程。

美国的这种现象之所以维持了很长时间，主要是因为美元是国际储备货币，美国政府可以印制钞票并将钞票用于购买和投资，这就造成了贸易逆差和资本账户输出。然而，无论是金融账户还是资本账户，资金最终都会回流到美国。国际学术界只关注到了整个循环的上半部分，而美国学术界则更关注循环的下半部分。从上述分析来看，国际金融危机与美国的贸易逆差、外汇流出有关，而东亚经济体的贸易顺差和外汇储备的增加主要与美国的金融监管政策和货币政策有关。

20世纪80年代，整个国际金融界都想推动发展中国家实现金融自由化，而背后的主要推动者是华尔街的各大金融机构。只有发展中国家实现了金融自由化，这些金融机构才能使由高杠杆创造的大量资金流入发展中国家并借此套利。在欧洲，德国、法国和英国等发达国家的金融机构也采取了类似的策略，它们借助高杠杆创造了大量的资金，这些资金最终流入了东欧国家。在南欧国家加入欧元区后，大量资金也涌入了南欧国家，这些资金主要流入了房地产市场和股票市场，房地产热也在一段时间内拉动了经济的高速增长。在经济高速增长的环境下，人们自然会感到欣喜，因为经济高速增长使劳动力需求增加，劳动者的工资也在迅速上涨。然而，在泡沫破灭后，欧洲国家的失业率迅速上升，经济增长率下降，政府的税收减少，政府的财政赤字增加，这最终导致了欧洲的债务危机。

我认为此次国际金融危机主要与国际储备货币国家（特别是美国）的国际货币体系有关。美国利用美元的货币地位在本国推行金融自由化，同时为缓解国内的经济问题实施低利率政策，并最终造成了此次危机。当前，南欧国家（如希腊、意大利、西班牙）成了国际社会关注的焦点。人们关注的是，这些国家如果主权债务到期或出现了主权债务危机，能否得到欧洲中央银行或国际货币基金组织的短期援助。若不能获得援助，这些主权国家所面临的危机可能比雷曼兄弟公司破产所引发的危机更为严重，危机波及的范围也会更广。为了避免危机的发生，欧洲中央银行和国际货币基金组织大概率会伸出援手，帮助这些国家渡过难关。但我们必须认识到，如果这些出现危机的国家不进行结构性改革并提高其竞争力和生产力，任何短期援助都只能像止痛药一样，援助所带来的效果只能维持一段时间，长则9个月，短则3个月。如果这些国家不进行结构性改革，同样的问题会再次发生，因为当它们再次要求欧洲中央银行和国际货币基金组织给予援助时，问题的严重程度可能比之前还要高。

结构性改革的重要性已在国际上得到了广泛的认同。欧洲中央银行、国际货币基金组织和学术界都认识到了结构性改革对解决国际金融危机的重要性。尽管大家都认为进行结构性改革是必要的，但很多国家在获得援助后往往未能履行改革的承诺。这究竟是为什么呢？结构性改革的本质是降低工资、减少福利、金融机构去杠杆化。如果工资降低、福利减少，国家的生产成本就会降低，出口竞争力就会增强。如果金融机构能够去杠杆，它承受外部冲击的能力就会增强，面临的风险就会减少。结构性改革的好处大家都很清楚，但关键的问题在于，实施这些改革会使需求在短期内急剧萎缩。工资和福利的减少将直接导致消费需求减少。金融机构去杠杆化则会导致贷款减少，从而进一步抑制消费和投资。这些改革措施共同造成的结果是需求急剧萎缩、经济增长放缓、失业率上升。在这样的背景下，政府推行结构性改革将立即引发人们的集体性抗议，导致社会动荡不安。因此，尽管结构性改革至关重要，但这些深陷债务危机的国家却难以真正推行结构性改革。

在国际金融危机爆发后进行结构性改革是国际社会的共识。过去经历过金融危机的国家都会尝试进行结构性改革，重新创造收入、偿还债务并积累财富，从而增强本国的竞争力。一般来说，如果一个国家或经济体遭遇金融危机，国际货币基金组织通常会为其开出三个药方，即三个解决方案。第一个解决方案是进行结构性改革，第二个解决方案是让货币贬值。我们知道，结构性改革具有收缩性，如果一个国家的货币贬值了，该国的出口竞争力和出口需求就会增加，这就能够对冲结构性改革所造成的需求萎缩，从而为结构性改革的实行创造空间。当然，推行这些政策是需要一段时间的，因此，国际货币基金组织会为出现危机的国家发放贷款，帮助它们渡过难关，这是第三个解决方案。然而，目前的关键问题是这些深陷债务危机的国家无法落实这三个解决方案。为什么？一些南欧国家在欧元区内，它们没有独立的货币，因此无法通过货币贬值增加出口竞争力，这就意味着它们没有足够的推行结构性改革的空间。那欧元区是否能够从整体上对货币进行贬值呢？如果欧元区可以从整体上对货币进行贬值，南欧国家就能够实现出口的增加，进而为其结构性改革的实行创造空间。

当前的困难在于这次危机同时在所有发达国家爆发，不仅限于南欧国家。这些国家的失业率普遍较高，它们都需要进行结构性改革。美国同样有着很高的失业率，因此美国也需要进行结构性改革。发达国家所生产出的产品在国际市场上属于同一类型，这些产品在国际上存在竞争关系。如果欧元区通过贬值欧元来增加南欧国家的出口竞争力，以为其创造推行结构性改革的空间，那么这些国家就会抢占美国市场，美国的失业率将会进一步上升。从表面上看，美国的失业率似乎在下降，但是如果一个美国人连续领了6个月的失业金，统计部门就会认为这个人退出了劳动力市场，统计失业率时就不会将其纳入统计范围。如果统计部门把退出劳动力市场的那些人也纳入统计范围，美国的失业率将是非常高的。在这种情况下，如果欧元区试图通过货币贬值来增加出口，抢占美国的市场，就会引发美元的竞争性贬值。日本和美国有着相同的情况。自1991年日本经济泡沫破灭以来,日本一直未能进行结构性改革。日本的产品和欧洲的产品是存在竞争关系的,如果欧元区采取货币贬值的措施,日本也可能采取相应的措施来进行对冲,这就会造成竞争性贬值。

2012年年初,欧洲中央银行计划收购发生主权债务危机的欧洲国家的政府债券,推行宽松的货币政策。此后,美国、日本和英国也相继推行宽松的货币政策来进行对冲。在这种情况下,每个国家都采取宽松的货币政策,其造成的结果是相对价格并未发生变化,这意味着这些发达国家实际上无法通过货币贬值的方式为其结构性改革创造空间。自1991年日本经济泡沫破灭以来,由于未进行结构性改革,日本的经济始终处于疲软状态,失业率居高不下,政府通过财政手段来解决这些社会问题,这就使政府的财政收入不断减少。在这种情况下,日本政府的财政赤字迅速增加。其他发展中国家未来几年可能会出现类似的问题。总而言之,各国如果不通过结构性改革提高其竞争力,就会出现和日本一样的情况。

当前,对于发达国家来说,财政赤字超过GDP总量的情况是比较普遍的。如果这些国家无法通过结构性改革提升其竞争力,失业率将维持在高位,经济增长将继续放缓,财政赤字占GDP的比重也将逐渐增加,其占比可能从100%升至150%,甚至接近200%。如果发达国家的财政赤字数额巨大,为了降低举借新债的成本,这些国家通常会推行非常宽松的货币政策,将利率维持在一个比较低的水平。以日本为例,自20世纪90年代中期以来,其利率长期处于零值附近。这种低利率政策与宽松的货币政策的结合会导致金融机构出现大量的短期投机行为,大量资金会流入股票市场,而不是房地产市场,因为房地产市场的泡沫刚刚破灭，还有大量存量未被消化。资金流入股票市场就会将股票的价格炒高。金融投机者明白，在利率如此之低的情况下，他们可以进行短期炒作。他们知道股票市场存在泡沫，因此一旦有任何风吹草动，股票价格就会大幅波动，交易风险也变得极高。因此，这种政策不仅会导致大量资金流入股票市场，还会造成股市泡沫的增加和股票价格的波动。

美国金融领域的投资家将这种情况称为"新常态"。这种新常态指的是投资的回报率非常低，风险却非常大，而且低利率的货币政策和宽松的货币政策环境可能会长期存在。这不仅会影响美国和其他发达国家的股票市场，还会导致大量资金流向国外的大宗商品市场，包括黄金市场、粮食市场和石油市场等；这些商品的价格会被炒高，超出实体经济应有的水平，从而使实体经济泡沫化。一旦市场出现任何微小的波动，这些存在泡沫的地方就会出现大幅的价格波动。例如，2013年4月，国际粮食价格和国际黄金价格突然大幅下跌，且下跌幅度超过10%，触发这一波动的因素是塞浦路斯中央银行宣布要出售黄金以偿还外债。塞浦路斯是一个很小的国家。这么小的国家会有多少黄金呢？但这一消息使国际黄金价格大幅下跌。这种情况未来在大宗商品市场可能会经常发生，而且大量的资金不仅会流入大宗商品市场，还会流向实体经济表现较好的发展中国家。那些实体经济表现较好且回报率较高的发展中国家会成为国际金融炒家的目标。这些流入发展中国家的资金普遍会停留在短期投机领域，如房地产市场和股票市场，这会导致房地产和股票的价格被炒高并出现泡沫。大量资金的流入还可能导致发展中国家的汇率上升，这会降低其出口竞争力并影响其实体经济的发展。一旦这些国家的实体经济出现问题，国际金融炒家可能会认为这些国家实体经济的发展状况不佳，房地产和股票价格过高并存在泡沫。这可能导致大量资金流出，这种资金的大进大出给发展中国家的宏观管理带来了巨大的挑战。

我认为，如果发达国家无法进行结构性改革，这种局面会持续5年、10年，甚至持续更长时间。有没有解决的办法呢？我认为解决这一问题的关键在于为发达国家创造结构性改革的空间。前面我提到过，国际货币基金组织为各国提供了三个解决方案，其中包括结构性改革和货币贬值。货币贬值可以推动出口和需求的增加，为各国的结构性改革创造空间。还有一种解决方案是短期援助，当发达国家同时发生危机时，国际社会需要为发达国家创造足够的需求，使它们有机会在国内推行结构性改革。我觉得这一问题是可以被解决的，这一问题的解决方案与2008年国际金融危机爆发时我提出的超越凯恩斯主义的反周期政策有关。发达国家所面临的困境是，如果它们不能进行结构性改革，失业率将持续上升，政府债务也将不断积累。既然政府的财政赤字会增加，为什么不将这些增加的财政赤字转化为有利于提高国家经济增长率、消除增长瓶颈的投资呢？如果各国能在短期内将这些增加的财政赤字转化为消除增长瓶颈的投资，将产生与发放失业救济金相同的效果，因为二者都有助于创造就业机会并增加需求。从长远来看，这种做法是有益的，因为它可以带动生产率的提高。随着生产率的提高，经济增长率也将得以提高，财政税收也将不断增加，这样一来，政府就可以偿还债务了。因此，政府可以通过这种方式将危机转化为机遇。

许多发达国家的基础设施已经老化，需要升级和改造。世界银行位于美国华盛顿，我在世界银行工作的时候经常乘坐火车去纽约开会。华盛顿到纽约的距离大约是350千米，乘坐最快的火车去纽约需要2小时45分钟，乘坐慢一些的火车则需要3个多小时。如果能乘坐中国高铁的话，估计1个小时就够了。大多数的美国铁路是人们在19世纪建造的，这些交通方面的基础设施已经太老旧了，需要重新升级了。需要更新的不只是铁路，美国的电力设施也需要升级。我在华盛顿工作的时候发现，只要一刮大风、下大雨，就会出现停电的情况，而且一发生停电就会停很多天，因为美国的发电厂基本上都是露天的，而且非常老旧。美国的大部分发电厂的运行时间都超过了40年，所以它们的发电效率是非常低的，它们的二氧化碳排放量也是非常高的。美国如果能对本国的基础设施进行改造，在短期内能够创造出很多的就业机会。从长期来看，重视基础设施建设也有助于国家整体竞争力和生产力水平的提升。很多欧洲国家的基础设施也需要升级和完善，它们的情况和美国相同。

实际上，重要的不是政府是否退出积极的财政政策，也不是是否采取反周期政策，而是只要失业率居高不下，政府就不得不增加支出以维持社会稳定，这就会造成财政赤字。既然如此，政府为什么不主动对财政赤字进行更为有效的应用呢？这就是我在前面提到过的超越凯恩斯主义的观点。此外，我认为超越凯恩斯主义还有另一层含义。当前，各发达国家同时出现金融危机，仅仅依靠发达国家自身的基础设施投资可能不足以为结构性改革创造出足够的空间，因为发达国家的基础设施总体上还是相对比较完善的。以日本为例，自1991年日本发生金融危机以来，日本实施了积极的财政政策。我的一位同事在驻日的私人银行工作了5年，他说他公寓前的道路在5年内经历了4次翻修，这表明发达国家基础设施的提升空间是非常有限的。其实，在基础设施的提升方面，更多的机会存在于发展中国家。我们去发展中国家的时候会发现，它们的基础设施严重不足，电力供应短缺。一些国家没有高速公路，更不用说高速铁路了。对于发展中国家而言，基础设施建设的投资回报率非常高。我们可以发现，一些发展中国家在实施积极的财政政策的同时建设了许多基础设施，如高速公路、高速铁路、机场、港口等。

投资基础设施当然对发展中国家有好处，因为这有助于消除经济增长瓶颈，提高经济增长效率和经济增速。然而，发展中国家在进行基础设施投资时通常会受到两个方面的限制，这在发展经济学中被称为"双缺口"。第一个限制是缺乏资金。发展中国家的财政状况通常并不是太好，因此它们没有充足的资金来投资基础设施。第二个限制是外汇储备相对不足。发展中国家如果想要投资基础设施，就需要从国外大量进口机器设备和原材料。这对发达国家是有利的，因为这可以使发达国家的出口增加，为其结构性改革创造空间；但发展中国家的外汇储备相对不足，如果没有外汇，它们就很难进口所需的机器设备和原材料。

发展中国家普遍受到"双缺口"的影响。这一问题该如何解决呢？对于日本、美国和欧洲国家来说，它们的货币都是国际储备货币。这意味着这些国家可以通过印钞票的方式来买东西，并且它们的货币在国际上通行无阻。因此，对于发达国家来说，资金不是问题，投资机会才是限制因素。在这种情况下，合作就变得很重要。我在小时候听过一个故事，一个瘸腿的人和一个盲人在火灾中合作逃生。盲人的腿没有问题，但他看不清方向；瘸腿的人能看清方向，但他跑不快。在这种情况下，如果盲人背着瘸腿的人，两个人分工协作，就可以快速逃离危机。现在我们也应该采取类似的方法。各个国家可以共同成立一个像德国马歇尔基金会一样的组织，以支持各国的基础设施投资。在发达国家或发展中国家投资都可以为发达国家创造需求，为其结构性改革创造空间，从而帮助发达国家走出危机。与此同时，发展中国家的经济也可以发展得更好，这样各国都能有一个更好的未来。我认为，如果世界各国想要走出这场危机，这也许是唯一可行的方法。

我在世界银行提出这个观点时，认同的人非常少，因为大家都认为这只是一场短期危机；但是现在越来越多的人开始关注这个问题，相关的讨论在国际场合也日益增多，越来越多的人开始接受这一观点。然而，在接受这一观点的过程中，大家经常会提到一个问题——在发展中国家进行基础设施投资的回报率如何呢？我认为这取决于项目的选择和执行情况，也取决于发展中国家是否有经济增长的前景。在基础设施得到改善的情况下，如果一个国家的经济增长率只维持在2%~3%，那么道路、电力和港口等基础设施可能会被闲置，基础设施的利用率会很低。从现在的情况来看，发展中国家似乎很难实现高增长。

在上述情况下，如果大部分优质的投资机会集中在发展中国家，那么如何确保这些国家能够实现高速增长，以获得足够的回报来偿还债务呢？实际上，我认为任何发展中国家都有维持高速增长的机会，因为经济增长的本质在于技术的不断创新和产业的持续升级。想要提高收入，劳动生产率必须得到提升，而劳动生产率的提升正是技术创新和产业升级的结果。这一规律同时适用于发达国家和发展中国家。发展中国家在技术创新和产业升级上拥有后发优势，发达国家必须依靠自己的力量进行技术创新和产业升级，而发展中国家可以借鉴、模仿和学习发达国家，其技术创新成本和产业升级的风险相对较低。如果发展中国家能够充分利用后发优势，其经济增长速度可以是发达国家的2倍或3倍。这种增速可以维持10年或20年，甚至延续一代人或两代人的时间，发展中国家是具备这种潜力的。

然而，除了少数几个发展形势较好、与发达国家的差距逐渐缩小的发展中国家，目前大多数发展中国家都没有利用好这一机会。实际上，它们也很想利用好这一机会。我在世界银行工作的时候走访了许多国家，包括非洲国家、拉丁美洲国家、南亚国家和中亚国家。我发现，无论是哪个发展中国家，知识精英、农民和工人的追求都是相同的，他们的共同追求都是希望通过自己的努力让自己和下一代生活得更好。知识精英希望通过自己的努力使自己的国家实现现代化，让自己的国家在世界上得到尊重。政府也希望能通过自己的领导改变国家的面貌。

我们知道，在第二次世界大战爆发之前，一些发展中国家是发达国家的殖民地或半殖民地。在第二次世界大战结束后，这些国家在政治上纷纷取得独立，并开始追求现代化。两代人的时间过去了，为什么实现现代化的发展中国家很少？虽然发展中国家在第二次世界大战结束后摆脱了殖民统治，但它们在思想上仍然受到西方殖民统治的影响。我们可以看看发展中国家在第二次世界大战后是如何发展经济、消除贫困的。我们能够发现，世界银行等国际机构在帮助发展中国家发展经济、消除贫困时，其政策受到了现代发展经济学的影响。世界银行领导了世界发展经济学的思潮，其政策也反映了现代发展经济学的思潮，其他国际机构也是如此。发展中国家的政策基本上也反映了当时的发展经济学的思潮。由此可见，思路决定出路。但无论如何，第二次世界大战结束后，发展中国家的政府和有关人士都希望自己的国家能够实现现代化，希望自己的国家能与发达国家并立于世界之林。

2013 年 5 月 9 日

（根据讲座录音整理，已经本人审阅）

后记：

1.国际货币基金组织在 2014 年 10 月发布的《世界经济展望》中采纳了本文所倡导的以消除增长瓶颈为目标的政策措施。国际货币基金组织在《世界经济展望》中建议各国在遭遇经济危机时将投资基础设施作为逆周期的积极财政政策的措施。

2.本文提倡摒弃"西天取经"的心态。我们应当立足中国的实际情况，深刻总结中国的发展经验，直面自身的问题，提出新的理论框架，从而推动我国经济社会持续健康发展。我们也要与世界各国分享中国智慧与中国经验。这一思路也与习近平总书记在2016年哲学社会科学工作座谈会上所倡导的理念相符合。我们应力求构建一套具有中国特色、中国风格与中国气派的哲学社会科学理论体系，国内的经济学者正朝着这个方向不懈努力。

第八讲
如何看待中国的公平问题

姚 洋

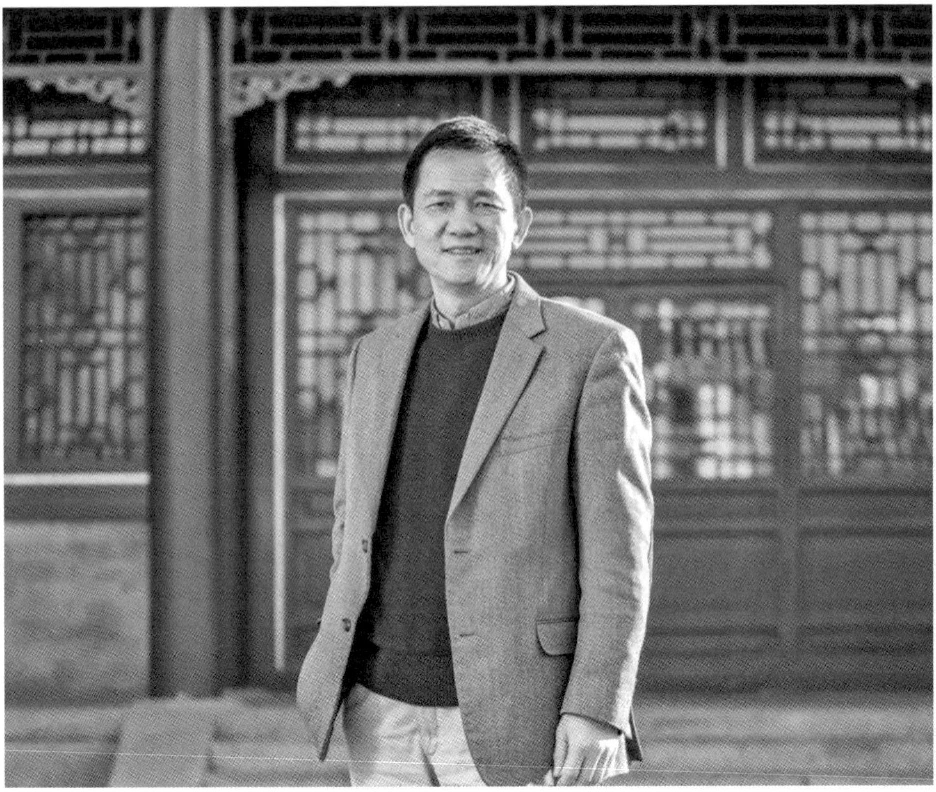

作者简介

姚洋，1964年生于西安。1986年毕业于北京大学地理系；1989年毕业于北京大学管理科学中心，获经济学硕士学位；1996年毕业于美国威斯康星大学农业与应用经济学系，获发展经济学博士学位。

姚洋教授现为北京大学博雅特聘教授、中国经济研究中心主任、南南合作与发展学院执行院长，担任《经济学》（季刊）主编、中国经济学年会理事长、当代经济学基金会理事长，是中国经济50人论坛成员。2012年11月—2024年1月任北京大学国家发展研究院院长。获第十三届和第十六届孙冶方经济科学奖（2008、2014），第一届和第二届浦山世界经济学优秀论文奖（2008、2010），第二届张培刚发展经济学优秀成果奖（2008）；2006年被评为北京大学"十佳教师"，2017年被评为北京大学"十佳导师"。

姚洋教授目前的主要研究领域为新政治经济学和开放条件下的中国经济增长。其在《中国社会科学》《美国经济评论》等国内外学术期刊上发表论文百余篇，著有《制度与效率：与诺斯对话》（新版名为《制度与经济增长：与新制度经济学对话》）、《作为制度创新过程的经济改革》、《发展经济学》和《经济学的意义》，与他人合著《制度经济学三人谈》《我们的时代：现实中国从哪里来，往哪里去？》及 Ownership Transformation in China 等著作。

内容简介

　　中国收入分配差距扩大的原因何在？如何调节收入分配？本讲从多个角度探讨中国收入分配差距不断扩大的原因及调节收入分配的方式。姚洋教授认为，中国社会在收入、权力和教育机会等方面存在不平等的现象。这些现象的产生既有制度层面的原因，也有经济层面和社会层面的原因。姚洋教授指出，中国收入分配改革应聚焦于税率的调整；政府应降低个人所得税的税率，增加教育方面的投入，并缩小城乡在教育方面的差距。

视 频 节 选

第八讲　如何看待中国的公平问题

今天我想和大家一起探讨的是中国的社会公平问题，这也是我自己长期关注的一个问题。我会从大体上讲讲社会公平方面的一些状况，带大家分析公平对我国经济持续发展的重要性。我也想谈谈我对公平问题和收入分配问题的看法，其中涉及我对政治哲学理论的理解。

提到社会的公平公正，我想我们第一个想到的就是收入分配的不平等。我们可以参考基尼系数这一指标。1978年的时候，我国的基尼系数大约是0.28。有人曾借用国家统计局的数据做过相关研究，试图计算我们国家目前的基尼系数，最终计算出来的结果大约是0.48。北京师范大学的李实老师是专门研究收入分配的，他在这个领域做了多年的研究。他和他的团队估算出了我国收入最高的那部分人的收入。他们参考的是福布斯富豪榜和胡润富豪榜提供的数据，以及我国上市公司高管的工资。在预估出这些人的收入之后，他们最后估算出来的基尼系数是0.52。北京大学也做过一个全国性的调查，这个调查叫作"中国家庭追踪调查"。2010年，研究者根据调查结果估算出来的基尼系数也是0.52。这意味着人们的收入差距是比较大的。

我们可以先了解一下城乡的收入差距。近几年来，农村居民收入的增速高于城市居民收入的增速，但即使是这样，城市居民人均收入也是农村居民人均收入的3倍以上。考虑到农村居民和城市居民的生活成本有所不同，研究者就在计算时排除了生活成本这一因素对研究结果的影响,但在考虑了这个因素之后,城市居民人均收入仍是农村居民人均收入的约 2.5 倍。

还有一个数据可以体现收入分配不均,那就是居民收入在 GDP 中的比重,这项数据在过去的 15 年下降得非常厉害。1995 年,居民收入大约占我国 GDP 总量的 67%,这个比重现在应该已经降至 50% 了。也就是说,这项数据在 15 年间下降了 17 个百分点。国家的再分配可能使居民收入有所上升,但是在考虑了再分配之后,居民收入在 GDP 中的比重也只能达到 58% 左右。比重下降意味着什么呢?收入分配涉及三个部分——居民、企业和政府,而居民收入占比下降就意味着政府收入占比和企业收入占比在上升。政府的收入这些年增长得非常快,虽然政府的税收收入在 GDP 中的占比可能不高,但是政府还有其他方面的收入,包括卖地所得到的收入等。如果我们把政府的其他收入加进去,政府收入在 GDP 中的占比是很高的。与此同时,政府将很多收入通过政策补贴的方式分配给了企业,所以企业的收入也增长得非常快。

我曾在亚洲金融危机爆发之后去香港讲学,我打了一辆出租车,发现香港的出租车都开得飞快,快得像发了疯似的。我和出租车司机聊天,发现他普通话说得很好。这位司机说自己在亚洲金融危机爆发前曾在内地当经理,他说做司机非常辛苦,但是他对生活有信心,他说亚洲金融危机一结束他就回内地。香港的基尼系数是非常高的,香港的财富差距也是非常大的。对一个社会而言,收入分配上的差距像是一种催化剂,没有了收入差距,大家可能就没有动力了。如果每个人的收入都是一样的,那谁还努力工作呢?因此,一定的收入差距对社会进步是有利的。这就好比温州乡村的年轻人看到村里有人挣了很多钱,他不会怀疑这笔钱来路不明,而会想着通过自己的努力过上同样好的生活。如果大家都有这样的拼劲，社会就会进步，这也是温州经济发展得比较快的原因。

权利的不平等主要表现为城乡居民在权利上的差距。很多城市居民不愿意提及户口制度，他们觉得农村居民来到城市会占用他们的资源。2011年，国务院办公厅发布了《关于积极稳妥推进户籍管理制度改革的通知》（以下简称《通知》）。《通知》强调："在设区的市（不含直辖市、副省级市和其他大城市）有合法稳定职业满三年并有合法稳定住所（含租赁）同时按照国家规定参加社会保险达到一定年限的人员，本人及其共同居住生活的配偶、未婚子女、父母，可以在当地申请登记常住户口。"其实我们可以看到，大城市的户籍政策是没有什么变化的。在计划经济时代，我们可以管理人口、解决温饱问题为理由解释户籍制度，但现在已经不存在这些问题了，政府应当将一部分权利归还给老百姓。

就业方面的歧视问题目前受到了不少人的关注。我们常常说"妇女能顶半边天"，但是女性在很多场合还是会受到歧视。我们会发现很多女性结婚了却不敢公之于众，她们选择隐婚，因为她们担心一旦结了婚就会失去很多的工作机会。现在有不少企业担心女性结了婚、生了孩子就会耽误工作。很多女生在找工作的时候会发现自己很吃亏，发现自己竞争不过男生，这是明显的就业歧视。

教育资源分配不均的问题也应当受到人们的关注。以我自己为例，1982年我考入了北大。我读高中的时候想学习文科，但是我根本不敢开口和父母说我要学文科，我的父母想让我报考西安交通大学，但是一位教政治的老师鼓励我报考北大，最后我以全班最高分考入了北大地理系经济地理专业。上大学后，我发现班上有三分之一的同学来自极度贫困的家庭。我的外甥现在也在北大读书，我曾问他班里有没有真正从农村来的同学，他想了半天说好像没有。从目前的情况来看，对于一个农村孩子而言，考上北大似乎越来越难了。为什么会出现这种情况呢？因为最好的老师都集中在城市，好的教育资源也都集中在城市。我有一个堂姐，他的儿子前几年高中毕业了，高中毕业后他只考上了一所三本大学。三本大学的学费是很高的，学费一共要8万元。这个孩子不想让父母花这么多钱，于是就偷偷地跑到深圳打工去了，他不想读大学了。后来我还是劝他读大学，最后把他劝了回来。

下面我们来分析一下造成以上问题的原因是什么。

第一个原因与市场本身的特征有关。我是一名经济学家，但是我跟很多经济学界的朋友在这个问题上有不同的认识。很多人不愿意承认收入方面的差距与市场的特征有关。市场的特征是什么？简单来说，市场的特征就是奖励勤快的、惩罚懒惰的，奖励聪明的、惩罚笨的。如果你很聪明，甚至比比尔·盖茨还要聪明，你就能获得很多财富。不过收入差距也和机遇有关，我们只看到了比尔·盖茨和乔布斯，他们大概是我们这个时代最顶尖的人物。但我们也应该想到，在他们的背后，或许有几百个潜在的"乔布斯""比尔·盖茨"失败了。比尔·盖茨和乔布斯肯定是很聪明的，但是我不相信他们是最聪明的。很多人肯定跟他们一样聪明，甚至比他们还要聪明，但是这些人的运气没那么好，这也会造成收入方面的差距。

第二个原因与发展本身的特征有关。之前我们提到居民收入在GDP中的占比在不断下降，其实这就与发展本身的特征有关。发展的一般规律是什么？发展的一般规律就是农业的就业比例下降，服务业的就业比例直线上升，工业的就业比例先上升、后下降。世界各国都遵循着这样的发展规律，我们可以通过分析各个国家的相关数据发现这个规律。我们知道，工业的资本回报率比较高，因为工业的资本密集度高，目前我国工业的就业比例还在不断上升。当更多的劳动力从农业向工业转移，居民收入在 GDP 中的占比就会下降。苏州就是一个很好的例子。苏州的人均 GDP 跟上海差不多，但是苏州的城市居民可支配收入并不高。为什么会出现这种情况？因为苏州的很多企业是做出口加工业的，很多钱都被这些企业的老板赚走了，而本地居民没赚到什么钱。

第三个原因与政府的行为有关。我们的政府在生产、投资方面投入了比较多的资金，相比之下，其在医疗卫生、社会保障方面的投入力度还有待进一步加强。中国人有储蓄的习惯，我们的政府也习惯于储蓄，政府的储蓄主要用于基础设施建设，比如建学校的教学楼、建高铁、建高速公路。政府还会采取各种手段来补贴生产者。我国的存款利率和贷款利率都受到国家管制。如果国家将 1 年的存款利率设定为 2.4%，就意味着储户存入 1 年的资金只能获得 2.4% 的收益，而银行的贷款利率大约是 6%，这种设定使得银行在金融危机中仍能获得稳定的收益。我国的储蓄率较高，这也使我国的广义货币供应量（M2）增速较快，M2 每年以 15% 以上的速度增长。据粗略估算，2011 年，仅普通储户就缴纳了 1.5 万亿的通货膨胀税。

我想顺便谈谈环境问题。尽管我国的环境法规已较为完善，但相关部门在执行层面仍然存在很多问题。山西省是煤炭大省，其经济增长速度是很快的，但山西省也面临煤炭采空的问题。由于许多小煤窑技术落后，采空后地面塌陷的情况屡见不鲜。据《中国新闻周刊》的调查，在山西省，有不少人因煤矿坍塌而无家可归。山西省吕梁市临县的庞庞塔煤矿为全县创造了 60% 的财政收入，但庞庞塔煤矿所在的村庄却出现了地面塌陷的情况，农民们无处安身。这些环境成本显然没有被企业纳入生产成本中，政府为解决这些问题付出了环境成本，政府所付出的环境成本实际上是政府为企业提供的巨额补贴。按照常理来说，企业在开矿前应当对地表进行妥善处理，如果发生塌陷，企业应当为当地居民发放补偿款，但很多企业实际上并没有妥善解决这些问题。

我想补充说明的是，拥有丰富的资源有时并不一定是好事，这在经济学中被称为"资源的诅咒"。山西省资源丰富，但由此带来的腐败问题也相当严重。这是因为资源开采权完全掌握在地方政府手中，资源的开采和使用需要得到政府的许可，这就导致一些地方政府官员与矿主之间存在利益输送的关系。这是造成社会收入分配不均的重要原因之一。公平问题是一个重要的社会问题，因为随着改革开放的不断深入，人们已经普遍接受了平等的观念。

阿马蒂亚·森是一位我非常尊重的印度经济学家，他于1998年获得了诺贝尔经济学奖，我认为他对一些问题的看法是非常深刻的。一些经济学家经常在争论我们应该更注重公平还是应该更注重效率。他认为，事实上每一种文化都强调平等，只是不同文化的侧重点不同，有的文化强调程序平等，有的文化强调结果平等。但无论如何，平等作为一种价值观已经深入人心了。人们在受到不公正的对待时必然会有所反应。社会中存在的不平等现象不仅会影响社会和谐，还会对政治稳定产生影响。

我想要强调的是，这种不平等会对我们未来的经济增长产生负面影响。如果一切进展顺利，预计再过10年左右，中国将跻身世界银行所定义的高收入国家行列，但我们距离美国等发达国家还有不小的差距。想要继续实现经济增长并超越美国，我们还要克服许多挑战。如果这些不平等问题持续存在，想要在经济上赶超美国是难度很大的。我对我们国家未来 10 年的经济形势持乐观态度，因为我们已经形成了增长的势头，想要迅速减速并不容易。那么再过 10 年情况会怎样呢？这就很难说了。

经济学家过去普遍认为收入分配是经济增长的副产品，这一观点源于库兹涅茨曲线的提出。该曲线由提出 GDP 这一概念的美国经济学家西蒙·库兹涅茨提出。他在分析英国的历史数据时发现，随着人均收入的增加，社会的不平等程度会有所上升，但当收入达到一定水平后，不平等程度就会开始下降。这一观点是他在 20 世纪 50 年代提出的。后来大多数经济学家指出，社会中存在的不平等现象只不过是经济增长的副产品，只要人们的收入足够高，社会的不平等程度自然就会下降。然而，我们如果回顾过去 60 年来一些发展中国家或地区的表现，就会发现一个与此观点相悖的现象。那些高收入国家或地区的收入分配一直是较为均衡的，这些国家和地区的基尼系数从未超过 0.4。相反，那些在进入中等收入阶段后未能跻身高收入行列的国家和地区的基尼系数普遍超过 0.4。人们曾见证了巴西在 1950 年至 1980 年创造的经济奇迹，其经济的平均增长率曾达到了 7%。然而，自 1980 年以来，巴西经济几乎停滞不前。近几年来，随着中国对巴西铁矿石的需求不断增长，巴西经济才有所恢复。巴西是一个存在严重不平等问题的国家，其基尼系数一度高达 0.56，虽然目前巴西的基尼系数有所下降，但与其他国家相比仍然较高。

收入不平等是否会阻碍经济增长？答案是肯定的。我们可以从市场规模的角度来分析。我们知道，过去 10 年我国主要依赖出口和房地产投资这两驾马车来维持经济的高速增长。在我国，出口和房地产投资对经济增长的贡献率几乎达到了 30%。2012 年我国的经济增速为什么下降了？原因很简单。2012年，我国在出口方面的增速与2011年相比下降了10个百分点，同时，我国在房地产投资方面的增速也下降了10个百分点。我国在进入中等收入阶段后是否还能长期依赖国外市场？这个问题值得我们认真思考。现在我国还要应对国际金融危机所带来的挑战，多数人的观点是这场国际金融危机会对世界经济产生长期的影响。

欧洲是我国的重要贸易伙伴，但欧洲的经济调整似乎并不是一朝一夕就能完成的。大部分人预测，欧洲的经济在未来10年间将处于非常糟糕的状态。如果欧洲的经济能在10年后恢复增长，比如说恢复到1%~2%的增长水平，那就相当不错了。拉丁美洲花了20多年的时间进行调整，其面临的问题与欧洲相似，它们所要面对的主要问题都是过度消费。一些拉丁美洲国家的GDP比较低，它们只能通过向国外借钱的方式来维持现状，因此它们始终无法偿还债务。现在欧洲南部的一些国家也在面对同样的情况。调整的过程是充满痛苦的，各国需要付出巨大的努力。美国也要面对比较严重的债务问题，因此美国的经济前景也不被人们看好。

在目前的经济形势下，中国经济的发展更依赖国内市场，但如果收入分配不均的问题得不到解决，国内的消费市场规模就难以扩大。为什么？虽然富人可以开豪车，但他们的消费额在其总收入中的占比仍然比普通百姓低得多。如果贫困人群的消费水平未得到提升，我们国家的整体消费水平就很难提升。此外，中国在过去可以依赖国外市场，但现在中国已经成为世界第二大经济体，如果中国继续推行重商主义政策并过度依赖出口，其他国家是不会允许这种情况发生的。因此，收入分配不均将影响我国的市场规模。

收入分配不均不但会影响市场规模，还会影响我们国家的教育。高中阶段和大学阶段的教育回报率是最高的，但是我们会发现，本科毕业生的收入和硕士毕业生的收入并没有很大的差距。读研究生当然也有回报，但其教育回报率没有本科的教育回报率高。高中阶段和初中阶段的教育回报率的差距是很大的。我去工厂做调查时发现，那些受过高中教育的职工填一张表通常只需要 5 分钟，而只有初中学历的职工填一张表需要花 10 分钟，没有接受过教育的半文盲则需要在他人的帮助下完成表格的填写。

我们可以对比一下中国的教育和印度的教育。相关数据显示，1978 年印度的大学入学率约为 5%，这意味着在 18～22 岁的人群中，有 5% 的人接受过大学教育。相比之下，当时中国的大学入学率仅为 0.7%。但值得注意的是，那时中国成人的识字率达到了 60%，而印度成人的识字率只有 40%。如今，中国成人的识字率已经超过 90%，而印度成人的识字率约为 67%。令人惊讶的是，直到今天，仍有 60% 的印度农村妇女是文盲。曾有人问阿马蒂亚·森中国和印度的差异，他认为两个国家的起点不同。他表示，中国的教育基础比印度好得多，中国人的预期寿命也比印度人长，因此，中国没有理由比印度发展得慢。

目前，我国工人的月薪大约为 2000 元至 3000 元。他们的收入在 10 年后预计能达到 1000 美元。但我们必须注意到，在这些工人中，可能只有 80% 的人接受了义务教育。以他们目前的教育水平来看，想要获得每月 1000 美元的薪水可能存在一定的难度。这些工人还很年轻，他们中的许多人现在应该只有 20 岁，20 年后他们才 40 岁。不出意外的话，那时他们的收入应该会有所提高，但他们的受教育程度显然会限制他们未来的发展。因此，教育在我国从中等收入阶段迈向高收入阶段的过程中起着十分关键的作用。教育也是打破"龙生龙，凤生凤"这种传统观念的关键因素。我们要让贫困人群充分获得受教育的机会。

利益集团也与收入分配不均有关。我国的国有企业与政府关系紧密，这就使国有企业垄断了一些行业，从而限制了其他企业的发展。一些私营业主则通过向政府官员行贿的方式走捷径。我的同学在美国旅游时发现，华盛顿的K街有许多私人包间，据说这些包间是游说集团贿赂议员的地方。一些美国企业家会请政府官员到包间吃饭并行贿，以此来实现自己的目的。过去几十年中国经济增长迅速，其中的一个重要原因就是政府的公正性。地方政府不能成为利益集团的代表，它们应当考虑社会的整体利益，而不是为利益集团服务。

广东的一位村支书曾告诉我，该村的一个工厂发生过罢工，因为工厂已经3个月没有给工人发工资了。为了解决这个问题，村子将工人领袖召集起来并进行了谈判。他们让工人们体谅企业老板的难处，并承诺在复工后支付工资；但到了最后，这些工人领袖都被开除了。这位村支书却以此为傲，认为自己保护了投资者。如果这种情况长期存在，无疑会对中国经济产生负面影响。

我们该如何看待社会主义？回答这一问题需要有政治哲学理论的支撑。我虽然读过一些政治哲学方面的书籍和文章，但并没有深入研究过，因此很难详细阐述，但我可以简要介绍一下。

相信不少同学听说过古典自由主义。对于提倡这种主义的人来说，程序平等高于结果平等。他们认为，只要程序平等得以实现，就不需要太关注结果是否平等。在他们看来，所谓的起点平等就是程序平等。我可以举一个例子来说明。我的两位朋友是在浙江大学工作的经济学家，有一天，他们突然争论了起来。他们争论的焦点是杭州市出台的一项政策。杭州市政府要设立一项基金，让建筑行业的企业缴纳一定的保险金，年终时如果企业拖欠工资，政府会先从基金中拿出一部分钱垫付给工人，让他们回家过年，然后政府再让企业交钱。我的一位朋友相信程序正义，他认为政府做得不对，他觉得工人如果没有拿到工资就应该去法院打官司。他认为我们国家应该鼓励法治精神，政府不应该担保和包办。我的另一位朋友则反对这种说法，他认为在这种情况下政府的干预是正确的。如果让我来选的话，我会选择支持第二位朋友。为什么？试想一下，很多进城务工人员是不敢去法院起诉企业的，程序正义对他们来说作用不大。

众所周知，孟买有大片的贫民窟，同时也有印度最好的酒店——泰姬陵酒店。据说贫民窟中有不少黑社会头目，其中有人表示自己的下一个人生目标就是能堂堂正正地走进泰姬陵酒店。为什么他们现在不能走进去呢？因为他们认为自己没挣够钱，买不起合适的衣服。如果穿着邋遢，他们走到泰姬陵酒店门口就会腿软；只有穿着得体，他们才有底气走进去。老百姓也是一样的，如果老百姓未做过相应的准备，那么所谓的程序正义对多数老百姓而言是没有多大用处的，特别是对贫困人群来说。

还有一些人提倡的是平等主义。提倡平等主义的人们认为，任何不通过个人努力获得的收益都是不道德的。美国著名哲学家、法学家罗纳德·德沃金就是平等主义的支持者。例如，如果一个人比另一个人聪明，聪明人的收入更高，那么德沃金就认为这是不道德的。他认为这部分收入应当充公并被分配给其他人。这种观点显然与权力至上主义的观点不同，它们的出发点也不同。美国哲学家罗伯特·诺齐克就支持权力至上主义。权力至上主义的支持者认为，一个人因继承财产而获得的财富是他应得的，与个人智力有关的财富也是他应得的。如果一个人购买了一块土地并在地下发现了石油，这些石油也都是他应得的。德沃金的观点与权力至上主义支持者的观点恰好相反。

大家听说过哥德尔定理吗？库尔特·哥德尔是美国的一位伟大的数学家，他在普林斯顿高等研究院从事数学研究，因提出哥德尔定理而闻名。哥德尔认为，没有一个理论可以用自身来证明自身。我们都知道"1+1=2"。为什么呢？因为这是一个公理，所有理论的推导都需要以一个公理为基础。公理是不证自明的假设，不需要人们证明。刚刚我们提到的两种理论实际上是依据不同的公理推演出来的，因此两种观点是相互冲突的。

再分配是我国要面对的一个重要问题，我们现在所讨论的收入分配改革实际上就与再分配有关。政府应当怎么做？我觉得政府可以借鉴实用主义政治哲学的相关理论。胡适将实用主义引入了中国。实际上，实用主义是一种非常进步的学术理念，也是一种非常有朝气的哲学观。实用主义的倡导者认为世界上没有永恒的真理，只要某个东西对人们有益处，人们就可以接受它。

我觉得我们要对未来持开放的态度，只要未来是开放的，我们就有创造的空间。我们国家之所以发展迅速，和这种实用主义的传统是分不开的。实用主义政治哲学的主要观点是：人类应当接受在进化过程中所形成的价值取向。在人类进化的过程中，追求平等对种族的延续是有帮助的。

从实用主义政治哲学的角度来看，平等和效率都是有价值的。我认为我们要做的是小的改进，而不是革命性的变革。有些年轻人可能对社会存在不满，他们认为社会变革的脚步在放慢。如果进行粗略的计算，我们这一代人的收入增长速度是很快的，这主要是因为我们这一代人的收入起点比较低。我们这一代人是改革开放的最大受益者。

我们国家如今在效率方面取得了一些进步，这是值得肯定的，未来我们可以在公平性上多下功夫。我们可以回顾一下我国过去30年的改革历程。20世纪80年代是改革的准备阶段，改革开始在农村进行，而城市改革尚未启动。到了20世纪90年代，我国进入了全面改革阶段。在这10年间，有很多人下岗失业了，要在这10年间帮助大多数失业者找到工作是一项极其艰巨的任务。这10年来，我们国家重建了社会保障体系，加大了对农村的扶持力度，但未来10年我们国家可能需要重新回到改革的轨道上来。我认为改革是需要逐步开展的。在50年后，我们国家的经济会登上一个新的台阶。值得注意的是，人的寿命是有限的，50年可能看起来很长，但在历史的长河中，这只是短暂的一瞬。我们需要用更长的时间尺度来衡量一个国家的发展和变化。与法国大革命之后的动荡相比，中国用短短60年的时间就取得了显著的进步，我国的发展速度已经相当快了。

目前，我国的收入分配改革方案尚未出台，但主要措施似乎是调整税制。当前我国面临的问题是老百姓的收入在GDP中的比重不断下降。虽然减税会使就业机会有所增加，但这个过程可能是漫长的。目前劳动力市场的就业弹性已经很小了，如果真的要减税，我认为最好的办法是降低个人所得税的起征点。有人认为我国的个人所得税在GDP中的占比已经很低了，已经无法再降了，但是我们应当注意到，当初我国在设定税率时借鉴的是发达国家的经验。我国是一个发展中国家，对于一个发展中国家来说，应当只有1%的人交税，而根据有关部门的统计，目前我国仍有约13%的人在交税。因此，我认为个人所得税的起征点还需要再降低一些。

此外，我认为我国的累进税率也比较高，这可能会打击人们的工作积极性，尤其是高层次人才的工作积极性。中国需要这些高层次人才，他们通过工资收入获得财富，当他们的月收入超过8万元时，他们就需要将35%～45%的收入上交给国家，这可能会造成高层次人才的流失。

我认为我们国家真正应该征收的是房产税。在降低个人所得税起征点的同时征收房产税可以有效地调节收入分配，并且不会打击人们的工作热情。我认为征收资本利得税也有利于解决收入分配不均的问题。在美国，资本利得税是一个非常重要的税种。如果一个人通过股市进行投资，股票差价所带来的收益就是他的资本利得，他就需要为这笔收益交税。我国可以参考其他国家在这方面的做法，考虑针对股市投资收益征收资本利得税。

最近大家经常在谈论与垄断行业有关的问题，我认为将国有企业私有化可能并不能解决收入分配不均的问题。事实上，一旦将国有企业私有化，这些企业的收入很可能会继续增长。已经上市的国有企业的员工工资普遍较高。为什么这些国有企业愿意上市呢？因为企业上市可以使员工们获得双重利益，他们既能够享受国家提供的福利待遇，又能够获得由市场化带来的高工资。

我认为我国应将改革的重点放在对教育的投资上。对教育的投资是至关重要的，无论怎么强调都不为过。发达国家的大学入学率比我们国家高很多。我们可以看到，在韩国这样的发达国家，教育投资通常能达到GDP总量的5%。

收入分配问题不可能被一蹴而就地解决，仅仅依靠短期的收入转移无法从根本上解决收入分配不均的问题。政府所要做的是提升广大民众的收入能力，激发人们自我发展的潜力。就如同那句古语所说："授人以鱼不如授人以渔。"然而，对于一些政治家们来说，他们更注重短期的改革效果，希望能够找到立竿见影的解决方案。如果改革不能立即见效，他们的做法可能会被质疑。想要实现社会公平和经济的可持续发展，我们需要对相关问题进行深入思考。政府行为和教育投入是两个关键因素。政府应当加强对富人的税收监管力度，并考虑引入资本利得税。同时，政府应当加大对教育的投入，使人们能够更好地适应市场需求并获得更高的收入。总之，人们要用长远的眼光来看待收入分配改革，这样我国才能更好地实现社会公平和经济可持续发展。

2012 年 11 月 1 日

（根据讲座录音整理，已经本人审阅）

第九讲

中等收入陷阱及其克服

刘 伟

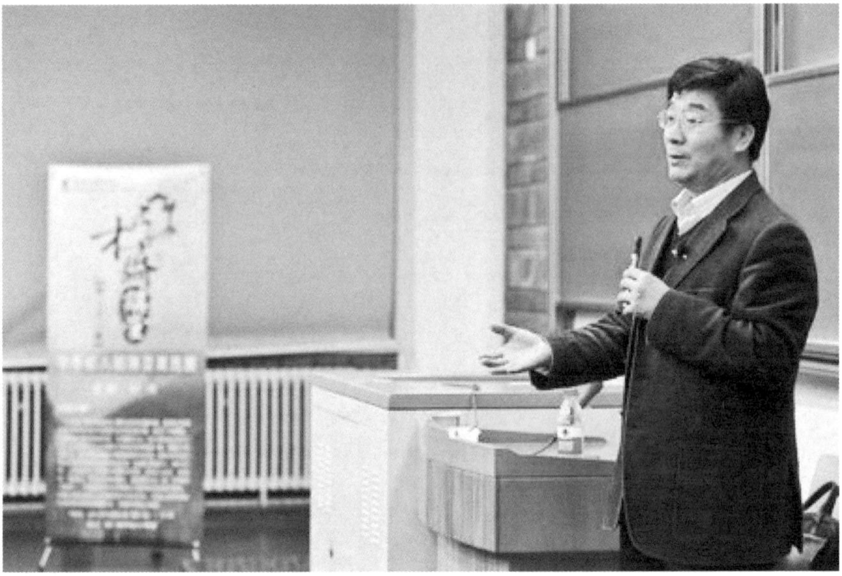

作者简介

刘伟，中国人民大学原校长，一级教授，博士生导师。曾任北京大学党委常委、常务副校长，北京大学经济学院院长，中国人民政治协商会议第十三届全国委员会常务委员。兼任国务院学位委员会委员、学科评议组理论经济学组召集人，教育部高等学校经济学类专业教学指导委员会主任委员，中国高等教育学会副会长、中国人民政协理论研究会第三届理事会副会长、北京市经济学总会会长等。主要学术研究领域：中国特色社会主义政治经济学、经济发展和经济增长理论等。发表学术论文400余篇，出版学术著作10余部。获孙冶方经济科学奖（著作奖）、国家级教学成果奖一等奖等奖项。

内容简介

于我国经济发展而言，21世纪是一个机遇和挑战并存的时代。挑战是什么？刘伟教授认为，中等收入陷阱就是我们国家需要面对的一项挑战。世界银行在《东亚经济发展报告（2006）》中首次提出了"中等收入陷阱"这一概念，它用于指代国家经济长期停滞于中等收入阶段的现象。在本讲中，刘伟教授详细阐述了中等收入陷阱发生的由来及产生原因。他认为，内需不足、发展方式转变迟缓、社会制度创新滞后是造成中等收入陷阱的三大原因。刘伟教授还对中国目前面临的由中等收入陷阱带来的困扰进行了分析，并提出了克服中等收入陷阱的关键措施。

视 频 节 选

非常感谢才斋讲堂请我来讲这节课。我听说之前来授课的都是非常优秀的老师，我很荣幸能与他们一起授课，也特别感谢今天晚上来听课的同学。才斋讲堂设立的初衷就是培养同学们的综合素质，提升同学们跨学科的学术兴趣，大家的求学精神和学术态度也是非常令人敬佩的。

我是做经济学研究的，所以我想选择一个我认为大家比较关心的有关经济发展的问题来进行讨论，最终我选择了"中等收入陷阱及其克服"这个主题，这是一个有关经济发展的问题。

我想围绕这个主题介绍三个方面的内容。首先，我们先来了解一下中等收入陷阱的由来和产生原因。其次，我们需要了解中国目前面临的由中等收入陷阱带来的困扰。最后，我想和大家一起分析克服中等收入陷阱的关键措施是什么，解决问题的基本路径是什么，要解决哪些方面的问题才能够使我们国家比较成功地摆脱中等收入陷阱所带来的困扰。

一、中等收入陷阱的由来及其产生原因

（一）中等收入陷阱的由来

2006年，世界银行的一份研究报告将中等收入陷阱作为一个专门的问题进行了研究。在过去，发展经济学中存在"贫困陷阱"的概念，但没有"中等收入陷阱"这一概念。

"贫困陷阱"这一概念最初是经济学家针对发展中国家的贫困状态提出来的。随着时间的推移，一些发展中国家在10年到15年内经济发展迅速，它们克服了贫困问题和温饱问题，进入了中等收入阶段。然而，由于种种原因，一些发展中国家发展到了一定阶段后，其经济发展水平就会长期停滞在这个阶段，一些国家甚至要面对经济严重衰退的风险。这些国家的社会、政治、经济、文化等各个领域的矛盾在不断积累、加剧，而社会经济发展又陷入停滞，这就意味着可用于解决矛盾的资源越来越匮乏。一个国家如果长期处于这种局面，将难以承受这些矛盾所带来的压力，相关矛盾所造成的危机会严重阻碍发展中国家实现现代化，这些发展中国家就会陷入中等收入陷阱。

中等收入陷阱是对一些发展中国家所出现的经济现象的概括，它并不是一个简单、抽象的理论。哪些国家陷入了这种典型的中等收入陷阱？中等收入陷阱是对哪些国家的发展实践的概括？这些是我们要重点关注的。

从20世纪开始，主要有三批发展中国家和地区陷入了这种典型的中等收入陷阱。第一批是处于20世纪六七十年代的一些拉丁美洲国家。在第二次世界大战结束后，一些拉丁美洲国家并没有陷入冷战与对峙中，因为它们既不属于苏联社会主义阵营，也不属于西方阵营。因此，这些国家处于一个比较稳定的历史发展阶段，而且它们的资源条件是比较优越的，特别是人均资源条件。这些国家的社会体制受欧洲大陆的影响较大，由于曾受葡萄牙、西班牙等国家的殖民统治，它们也曾借鉴大陆法系和其他体制框架，所以它们的现代化发展道路也相对比较平坦。经历了十几年的快速发展，这些拉丁美洲国家的经济发展水平超越了非洲国家和亚洲的一些发展中国家，达到了小康水平；但在达到小康水平之后，由于各个方面的原因，它们的经济发展开始趋于停滞，但是很多矛盾还持续存在，包括经济发展方面的各种矛盾，如收入分配的两极分化、二元经济的发展、城乡差距的扩大。贫民窟在南美洲的一些国家较为普遍，这是因为在上述经济矛盾出现之后，这些国家存在严重的失业问题，物价高涨，民不聊生，政治危机的不断爆发导致这些国家政变不断、动荡不安。这种情况在玻利维亚、智利、秘鲁、委内瑞拉、阿根廷、巴西等国家比较常见。中等收入陷阱打乱了这些发展中国家的现代化进程，它们本来已经达到了小康水平，再经过一二十年的发展就有可能迈入现代化的门槛，但是它们一而再、再而三地错失了这个机会。后来，人们就把这个现象概括为"拉美陷阱"。

第二批是处于20世纪90年代中后期的一些亚洲国家和地区。在第二次世界大战结束后，日本的经济逐渐复苏，新加坡、韩国逐步实现现代化。同时，还有几个亚洲国家也发展迅速，特别是一些东南亚国家，包括马来西亚、泰国、印度尼西亚、缅甸。这几个国家在经济迅速增长后也迈入了中等收入阶段。但非常不幸的是，它们没有像新加坡、韩国那样实现经济发展上的跨越，迈入现代化的门槛，它们的经济发展水平开始处于停滞状态。这些国家经济发展停滞的原因之一是创新水平低。它们过度依赖国际市场，持续地扩大产能，注重发展耗能高、技术含量低的产业，特别是劳动密集型产业和资源密集型产业。这种发展模式为这些国家带来了一时的繁荣，它们的经济在十几年内高速增长。然而，在亚洲金融危机发生之后，国际市场出现了严重的衰退，这些国家所生产出来的产品无法被卖掉，"东亚泡沫"由此形成，这阻碍了这些亚洲国家的现代化进程。本来它们距离现代化的门槛也不远了，但这一轮泡沫的冲击使它们的经济倒退了很多年。这些国家什么时候能实现现代化？现在我们还不好说。

第三批是目前的西亚国家和北非国家。这些国家包括埃及、叙利亚、利比亚、也门等。这些国家的经济发展速度原本是比较快的，与周边的国家和地区相比，人们的总体生活水平相对较高。然而，政治、经济、文化、社会等各方面的原因使其长期处于中等收入阶段，它们无法跨越这个阶段，也无法成为"现代化俱乐部"的成员。高失业率、两极分化、高通胀、动荡不安的社会环境……当各种矛盾不断积累，用于解决社会矛盾的资源就会越来越匮乏。只要出现了一个导火索，危机便会迅速蔓延，蔓延速度之快是我们旁观者根本无法预料的。人们将这种情况概括为"西亚、北非危机"。从目前的情况来看，我们很难确定这些国家何时能成为"现代化俱乐部"的成员。我们现在也很难估计"西亚、北非危机"到底给它们的社会发展带来了多大程度的损失，而且这种情况目前还没有结束。

刚刚我们了解了20世纪六七十年代的"拉美陷阱"、20世纪90年代中后期的"东亚泡沫"，以及目前正在发生的"西亚、北非危机"。很多原因使这些国家在经济上面临困境，但是它们在经济上出现的最大问题就是陷入了中等收入陷阱，而且陷得太深。

一些国家比较成功地逃离了中等收入陷阱，比如从第二次世界大战中恢复的联邦德国，其在20世纪40年代末出现的经济复苏被称为"艾哈德奇迹"。日本也成功地逃离了中等收入陷阱，日本政府于20世纪60年代提出了"国民收入倍增计划"，这一阶段的经济复苏又被称为"神武景气"；到了20世纪70年代，日本重新回到了世界强国的行列。韩国也摆脱了中等收入陷阱，但总的来说，各国付出的代价并不相同，有的国家可能付出了相当大的代价。

（二）中等收入陷阱的产生原因

前面提到的这三批国家和地区还没有摆脱中等收入陷阱，所以总结中等收入陷阱产生的原因对我们国家具有很重要的现实意义。为什么有的国家能够摆脱，有的国家却摆脱不了？我认为主要有三个方面的原因。

1. 内需不足

内需主要指国内的投资需求、消费需求。需求增加就意味着购买力增加，有投资者购买投资品，有消费者购买消费品，市场才活跃。只有市场活跃了，企业的销路才畅通；销路畅通了，企业就能顺利开工；企业顺利开工了，就业岗位就会增加，就业率就会提高，经济水平就会提高，中央财政收入和地方财政收入也会更加稳健地增长。由此可见，需求能够拉动经济增长，一旦需求不足，经济就会开始萧条，失业率就会上升。为什么这些陷入中等收入陷阱的国家会出现内需不足的情况？一是因为投资不足，二是因为消费不足。

为什么会出现投资不足的情况呢？因为这些国家之前比较贫穷，它们曾陷入贫困陷阱，老百姓并不富裕，所以投资需求是疲软的。从需求的角度来说，贫困就意味着人均收入少。人均收入少，购买力就弱，市场需求就小。市场需求小，市场对投资者的吸引力就小，没有人来投资，生产的产品就卖不掉。投资者少，新增的项目和工程就少；新增的项目和工程少，新增就业岗位就少；新增就业岗位少，新增就业机会就少。人口增长越快，人均收入就越少；人均收入越少，国家就越贫穷。所以，我们总结一下，这些国家为什么贫穷？贫穷的原因就是贫穷。

逃离贫困陷阱是一个非常大的难题，但这些国家成功地摆脱了贫困陷阱，进入了中等收入阶段。按说这些国家的投资需求应当是不断增加的，那为什么它们的投资需求持续疲软，经济增长速度放缓，经济严重衰退，失业率居高不下呢？一个很重要的原因是，前一阶段的经济高速增长是由外来资本带动的。发达国家认为本国的生产成本太高，劳动力价格高，土地价格高，资源价格高。为了获得竞争优势，它们就把技术和产品转移到了一些贫困国家。这些贫困国家劳动力价格低，土地价格和资源价格也相对较低。这些原本贫困的国家进入中等收入阶段后，它们的劳动力价格上涨了。随着经济规模的扩大，经济发展速度的持续提升，各项要素的稀缺性越来越突出，土地价格、资源价格也都上涨了。世界上还有更为贫困的国家，有劳动力价格、土地价格、资源价格更低的国家，发达国家会向这些国家进行产业转移。处于中等收入阶段的国家有钱了，人们的收入比原来高了，储蓄能力比原来强了，但是现在又出现了一个新的问题——储蓄能不能转化为现实的投资并形成投资需求呢？

　　一个国家的经济能否增长取决于它是否具备自主创新能力。如果一个国家的自主创新能力比较弱，该国的企业就无法研发出新产品，无法实现产业结构的升级。在过去，其他发达国家会向这些国家转移产品、技术和产业，但如果它们停止了这种转移，这些国家就需要依靠自身的研发能力创造新的投资机会，拓展产业升级的空间。一个国家如果研发能力不足，再扩大投资也只是在原有产品、技术和产业结构的基础上扩大规模，这就是重复建设。在经济繁荣时期，通过重复建设生产出来的产品可能能够被销售出去，但一旦全球经济陷入周期性危机，这种低水平的产能将立即过剩，产品也很难被销售出去。虽然现在这些国家比过去更富有了，但投资需求反而比过去更疲软。为什么会出现这种情况？这是因为当产业转移和技术转移放缓甚至停止时，这些国家的自主创新能力没有提升上去。

内需不足也与消费不足有关。如果一个国家进入中等收入阶段，消费需求通常表现得十分活跃，因为大家都有钱了。然而，为什么进入中等收入阶段的国家的需求和消费的增长速度反而没有过去快了？为什么经济高速增长了十几年，国家的财富增加了，国民收入增长了，但是国民的消费没有增加？其实财富增加了多少并不重要，财富分配得是否合理才最重要。如果国民收入分配严重两极分化，大部分财富就会集中在少数富人手中。富人的消费绝对量一定是大于穷人的，但是富人越有钱，消费占他们收入的比重就越低，因为消费会受到生理的限制，而收入增长不会受到生理的限制。富人的大量财产通常会不断累积，而大多数人的收入增长得很缓慢。一个人越是没有钱就越不敢花钱，越是没有钱就对未来越没有信心，越没有信心就越倾向于选择储蓄，因为人们需要为未来的消费做准备。这种储蓄不是自愿的，而是被迫的。经济高速增长会带动国民收入高速增长，但增长过程中存在的严重的分配不均导致大量的钱被分配给了少数人，富人消费比例低，大部分人又没有钱，没钱的人又不敢花钱，那国民的消费欲望就会降低，这就会造成严重的消费不足。

投资需求不足源于创新不足，消费不足源于分配不合理，这两个问题交织在一起往往会导致一些处于中等收入阶段的发展中国家内需不足，进而引发经济萧条，导致经济增长放缓。经济增长放缓会使企业无法生存，企业无法生存就会导致就业岗位不足，就业岗位不足就会导致失业率上升。在封闭的农业社会，失业者相互之间缺乏联系，大家日出而作、日落而息，不存在"失业"这个概念。如果一个国家进入中等收入阶段，国民的素质和受教育程度就会提高。如果国家在这个时候出现高失业率的话，那就不是简单的劳动力失业的问题了，因为其中还包含社会精英的失业。社会精英受教育程度高，他们懂外语，知道如何与外界联系，知道如何运用互联网。他们会提出自己的利益诉求，这就使问题复杂化了。所以，我们可以看到，所有陷入中等收入陷阱的国家都有一个共同点——在内需不足的同时有着较高的失业率。

2.发展方式转变迟缓

中等收入陷阱的存在也与成本攀升有关。如果发展方式转变迟缓，上升的成本无法被消化，经济的增长便难以持续。我们知道，成本攀升到一定程度就是不可逆的了，因为如果经济规模扩大，其对要素的需求量就会增加。随着经济的发展，人们的需求越来越多，这就会拉动价格上升。同时，在进入现代社会后，人们的环保意识逐渐增强，人们在这方面投入的成本也越来越高。这些因素出现以后，成本攀升就是必然的了。

那么，处于中等收入阶段的国家应当如何应对呢？这些国家要转变发展方式，而转变发展方式的核心就是从主要依靠增加要素投入量带动经济增长转变为主要依靠提高发展效率拉动经济增长。在过去，这些国家主要依靠要素投入量的增加来实现经济的高速增长，这在短期内是可行的，但这是不可持续的。各国最终还是要通过转变发展方式来提高发展效率，从而带动经济的增长。我国过去的竞争优势是低廉的成本，这种优势最初会对经济发展起到一定的作用，但我们很难将这种优势一直保持下去，因为在一段时间之后，成本会上升，所以我们要让创新能力成为自己的竞争优势。

发展方式的转变主要表现为两个方面。一个是从主要依靠增加要素投入量拉动经济转变为主要依靠提高发展效率拉动经济，另一个是从以成本低廉为优势转变为以创新为优势。如果各国能实现这样的转变，即使成本上升，效率的提高也可以使成本被消化掉。如果发展方式转变缓慢，成本无法被消化，产品的价格就会上涨，从而引发成本推动型通货膨胀，这就比较可怕了。

物价上涨有时是需求拉上型通货膨胀造成的。物价上涨的原因之一是人们的需求增加，买东西的人多了，物价就会被哄抬。这种情况对老百姓不利，但是对企业是有好处的。老百姓都拿着钱去买东西，企业的销路就通畅了，企业资金的周转速度就变快了，企业就能充分开工，赚的钱就多了，企业带来的就业岗位也就多了。这种需求拉上型通货膨胀所带来的坏处就是老百姓的钱贬值了，但它带来的好处就是就业机会增加了，社会就业率提高了。

物价上涨有时是成本推动型通货膨胀造成的。如果市场需求疲软、内需不足，经济增长速度就会变慢，企业的日子就很不好过，大量企业会濒临破产。同时，国民经济成本的上升会带动物价上涨。如果通货膨胀是需求拉上型的，高物价可能伴随着低失业率，就业机会会增加；如果通货膨胀是成本推动型的，物价上涨会伴随着失业率的居高不下。几乎所有陷入中等收入陷阱的国家都同时存在高失业率和高通胀。我们可以用"滞胀"一词来概括这种情况，滞胀就是指在经济停滞、经济衰退的情况下出现了通货膨胀，这个问题就比较严重了。如果发展方式没有转变过来，就会出现这种问题。

3.社会制度创新滞后

中等收入陷阱的存在也与社会制度创新滞后有关。不少国家不仅经济发展方式转变得很慢，而且社会制度创新滞后，处理社会矛盾的能力较弱。就经济体制而言，一个国家从落后走向发达的过程在一定意义上体现为从传统经济体制向现代市场经济体制的转变。如果一个国家未能实现经济体制的转变，就表明其市场化进程放缓了，如果市场化进程放缓，更多的资源就不再被市场掌握。那这些资源掌握在谁手中？它们掌握在政府、权力部门或独裁者的手中。企业如果想获得这些资源，就很难通过市场竞争去获得，因为这些资源不是依据市场竞争的结果来分配的，而是由政府、权力部门或独裁者来分配。企业如果想要获得这些资源，就要和政府、权力部门谈判，谈判手段之一就是行贿。这就会带来一个问题——谁行贿力度大，存在问题的政府、权力部门就倾向于将资源给谁。我们把这种情况叫作"寻租"，权钱交易就属于寻租。市场化的落后也会造成民主化进程的落后，大量的资源掌握在政府、权力部门或独裁者手中，如果相关部门对这些公共权力监督不足，经济发展就很难持续，社会的公正也很难得到保障，种种社会危机自然而然就会发生。

二、中国目前面临的由中等收入陷阱带来的困扰

国家统计局公布的数据显示，2011年，我国的GDP为47.3万亿元。[①] 从总体上看，我国的经济增长速度还是比较快的。目前，我国的GDP大约为6万亿美元，约占全世界GDP总量的8%，排在全世界第二位。排在我们前面的是美国，美国的GDP约占全世界GDP总量的20%。

从目前的情况来看，我国人均国民总收入不高，但是提升速度比较快。依据GDP总量和人均国民总收入这两项数据，我们国家已经是处于中等收入阶段的发展中国家了。一些结构指标可以支持这一说法。

---

① 国家统计局.国家统计局关于2011年国内生产总值（GDP）最终核实数的公告[EB/OL].（2013-01-07）[2024-03-20]. https://www.stats.gov.cn/xw/tjxw/tzgg/202302/t20230202_1893685.html.

我们知道，一个国家农业劳动力的就业比重越低，它的经济就越发达。目前，发达国家农业劳动力的就业比重约为5%（美国约为1.8%，英国约为1.6%）。中等收入的发展中国家农业劳动力的就业比重约为40%，上中等收入的发展中国家农业劳动力的就业比重约为25%。我们国家情况如何呢？1978年，中国农业劳动力的就业比重超过了70%。当时中国大约有10亿人口，其中约有8亿人是农民，他们的生活是比较贫困的。2011年，中国农业劳动力的就业比重约为37%，所以我国目前是一个处于中等收入阶段的发展中国家。

我们还可以看看我们国家的城市化率。2011年，我国的城市化率第一次突破了50%。2009年，全世界的城市人口数量超过了农村人口数量，也就是世界上有50%以上的人生活在城市。在改革开放初期，我国的城市化率还未达到20%，而现在我国的城市化率已经突破50%了。我们知道，如果一个国家的城市化率处于30%～70%这个区间，则说明其处于城市化加速阶段，这个阶段刚好对应的是从中等收入向高收入发展的阶段，处于这个阶段的国家进入了工业化和城市化加速阶段，但还未完成工业化和城市化。我国的个别发达地区已经基本上实现工业化和城市化了，比如北京、上海、浙江、江苏，这些地区的工业化水平、城市化水平和经济发展水平在全国处于领先水平。当这些地区步入了后工业化时代，发展速度就会放缓。从整体上看，目前我国还依然处于工业化、城市化加速阶段。2011年，我国经济增长速度最快的地区是西部地区，陕西的GDP增长率超过了13%，而我国的GDP增长率为9.3%[1]，陕西的

---

[1] 国家统计局.国家统计局关于2011年国内生产总值（GDP）最终核实数的公告[EB/OL].（2013-01-07）[2024-03-20]. https://www.stats.gov.cn/xw/tjxw/tzgg/202302/t20230202_1893685.html.

GDP 增长率明显高于全国平均水平。这就说明我国不同地区的经济发展状况并不相同，有的地区可能已经展现出了后工业化的发展特点，但有的地区正处于加速发展期。

还有一个结构指标可以供我们参考，那就是恩格尔系数。恩格尔是 19 世纪的一名德国工程师，他发现了一个具有统计意义的定律——一个家庭越贫穷，食品支出在其家庭消费总支出中的占比就越高。联合国粮食及农业组织将恩格尔系数作为衡量一个国家富裕程度的依据。食品支出所占比重超过 60% 的家庭属于绝对贫困，符合这一情况的家庭的温饱问题没有得到解决，像撒哈拉大沙漠以南的非洲就属于这种情况；食品支出所占比重为 50%～60% 的家庭只能勉强度日，人们只能实现温饱；食品支出所占比重为 40%～50% 的家庭达到了小康水平；食品支出所占比重为 30%～40% 的家庭达到了全面小康水平；如果食品支出所占比重为 20%～30%，这些家庭就达到了富裕水平；如果食品支出所占比重小于 20%，这些家庭就达到了极其富裕的水平。21 世纪，世界主要发达国家都达到了极其富裕的水平，这些国家的恩格尔系数都小于 20%。葡萄牙、西班牙等中等发达国家达到了富裕水平，这些国家的恩格尔系数一般为 20%～30%。

我们国家的情况怎么样呢？1978 年，中国城市地区的恩格尔系数约为 57.5%，农村地区的恩格尔系数约为 67.7%。[①] 当时我国还有人吃不饱饭，温饱问题没有得到解决。21 世纪 80 年代末至 90 年代初，我国的温

[①] 国家统计局.经济结构不断升级 发展协调性显著增强：新中国成立 70 周年经济社会发展成就系列报告之二 [EB/OL]. （2019-07-08）[2024-03-20]. https://www.stats.gov.cn/sj/zxfb/202302/t20230203_1900357.html.

饱问题基本上得到了解决。2012年，我国的一些城市可能已经开始向全面小康迈进了。这一指标的变化与我国所处的从小康向全面小康转型的经济阶段是相吻合的。这些结构指标都能够反映人们的生活水平，它们不受汇率因素的影响，所以更有可比性，也更能反映国民经济的实际情况。

了解一个国家的经济不能只看它的规模、GDP，还要看它的结构。1820年左右，中国的GDP总量在全世界位列第一。按现在的统计方法计算，我国的GDP是全世界GDP总量的36%，那时我国的GDP总量比英国、法国都高得多，更不用说德国、美国了。但是在20年之后，也就是1840年，鸦片战争在中国爆发，这是中国沦为半殖民地半封建社会的开端。为什么那个时候的中国任人宰割？很简单，那时候虽然我们国家的GDP总量大，但是支撑我们国家经济的是落后的农业，也就是说，是牛、猪、马、家禽、农产品支撑着我们国家的经济。支撑英国经济的则是近现代工业，是钢铁、煤炭、蒸汽机支撑着它，所以英国的竞争力比那时的中国强得多，英国的军队不需要花很长的时间就能迅速地击垮我们的军队。

总的来说，依据这些结构指标，我们基本上可以肯定中国目前已经处于中等收入阶段，我觉得这个判断还是比较客观的。处于这个阶段的中国需要面对一个问题——我国可能要面对中等收入陷阱所带来的威胁。此时，有一个历史机遇摆在我们国家的面前，我们国家如果能够跨越中等收入阶段，再经过10年或者20年，就能够实现现代化，在这方面做得比较成功的国家有德国、日本、新加坡、韩国。

这个机会并不是我们空想出来的。有人曾经算过一笔账。进入21世纪的中国初步达到了小康水平，如果我国每年的经济增长速度都能达到7.2%，2010年我们国家的GDP总量就能翻一番，中国就能成为中等收入的发展中国家。到了 2020 年，我们国家的 GDP 总量就能翻两番，那个时候经济增长速度会慢下来，我国会进入均衡增长阶段。只要不发生大的灾难，经济保持正常的均衡增长，我国预计能在 2050 年前后赶上中等发达国家。那时我国虽然可能还赶不上最发达的国家，但或许已是发达国家中的一员了。中国预计能在 2030 年前后迈入现代化的门槛，预计能在 2050 年前后迈入发达国家行列。

除了考虑经济方面的因素，我们还要考虑未来会不会发生政治危机，会不会发生自然灾害，尤其是具有传染性的瘟疫。回顾历史，欧洲的黑死病就影响了文明的发展进程。如果没有这些因素的阻碍，单纯从经济的角度来看，我国应该能够在 2030 年之前实现现代化。我们还要考虑世界和平发展这个因素。世界和平发展这个主题是否能够在 15 年到 20 年内保持不变？如果这个整体基调不变，我国可能还有 15 年左右的经济高速增长期。经济的高速增长到底能维持多长时间？一要看内部的发展动力，二要看世界和平发展这个主题能维持多长时间。

处于中等收入阶段的中国会面临不少挑战，我们所面临的挑战主要来自中等收入陷阱带给我们的威胁。刚刚我提到了造成中等收入陷阱的三个原因，即内需不足、发展方式转变迟缓和社会制度创新滞后。我国也存在这些问题，有些问题可能还很严重。我国现在存在内需不足的问题，关键问题还是创新能力不足。我国的国有大企业处于垄断地位，国家资本不断涌入这些企业，如果这些企业上市了，融资渠道会更加通畅，银行也愿意给它们投资，但这些企业的技术创新能力弱，开发新产品的能力差，结构升级速度慢。

民营企业有技术创新能力，也有学习和模仿的动力，但是如果国民经济缺乏制度创新，市场化改革滞后，民营企业的发展将受到阻碍。资本货币市场在提供金融服务时会歧视民营中小企业，所以这些民营中小企业有时很难获得资金方面的支持。于是一些企业就去找民间借贷公司，民间借贷不属于正规的融资渠道，其弊端在于成本高、风险大，民间借贷有时还涉及高利贷。

我们来看看国内的消费需求。我国消费需求的增长速度其实并不慢，但是与之相比，投资的增长速度更快。有研究者曾经做过测算，只要投资的增长速度超过30%，消费需求就会变为负增长，因此二者是互相排斥的。我们如果将一笔钱用于投资，就不能再将这笔钱用于消费了。尽管二者将来可能有动态的联系，但是人们在某个时间范围内不能同时用一笔钱做两件事。我们国家的投资有强烈的政府主导性，所以与其他国家相比，投资对经济增长的拉动作用在我国表现得更为明显。举个例子，如果世界经济增长了10个百分点，其中有7个百分点是消费拉动的，而中国刚好相反，如果我国经济增长了10个百分点，其中有7个百分点是投资拉动的。这与我国的体制有关，也和我国的发展阶段、工业化加速、城市化加速、投资需求增加有关。总之，我们可以看到，投资本身就与消费相排斥。

除了投资，影响消费的另一个因素是国民收入分配。我国国民收入分配的差距在不断扩大，特别是城乡之间的收入差距。在我国，3.3个农村居民1年的收入相当于1个城市居民1年的收入，4个农村居民1年的消费支出相当于1个城市居民1年的消费支出。中国的城市化率刚刚超过50%，也就是说，还有将近50%的居民是农村居民。中国的经济增长长期依赖人口这一因素。如果只依靠城市居民消费拉动经济增长，我国的经济发展将受到严重的影响。那我们该怎么办？提高农村居民收入又谈何容易。这是城乡之间的差距。从宏观上看，不同主体之间的收入分配差距也在不断扩大。政府和企业的收入增长速度是最快的，居民收入的增长速度是最慢的。因此，《国民经济和社会发展第十二个五年规划纲要》提出，要努力实现居民收入增长和经济发展同步。哪个群体的收入用于消费？居民的收入主要用于消费。1998年，我国居民收入是国民收入的68%；到了2008年，我国居民收入是国民收入的58%，这一数据下降了10个百分点。剩下的收入通常被转移到政府和企业的手中了，但企业的收入不用于消费，其收入用于扩大再生产和技术改革。

收入差距扩大就意味着消费倾向下降，这就会导致消费需求不足。对于目前的中国来说，内需不足给我国带来的压力还是比较大的。与此同时，我国转变发展方式的速度比较慢，创新能力不足，效率提升速度慢，物价高，产业结构升级迟缓。我想中国目前已经到了成本大幅度提高的时期了，中国的经济规模这么大，而中国的人均土地面积并不大，土地的稀缺性表现得更为明显，围绕土地发生的矛盾也就越来越多，很多冲突和不安定的因素都来自征地。

前不久，我们接了一个有关深圳第二次土地管理权改革的课题。宝安的土地曾是集体所有的，在改革开放后，这个地方被划归为城市，于是这块土地就变成国家所有了。这个矛盾在之前并不突出。为什么？深圳的农村居民占总人口的3%，他们占用了整个深圳50%的土地，剩下的97%的城市居民占用了剩下的50%的土地（包括建设用地和住宅用地），即使城市没有剩余的土地了，农村居民的土地也不会被动用。然而，当宝安从农村转变为城市，从法律上看，这块土地就属于国家了。一些农村居民认为自己祖祖辈辈生于斯、长于斯，一夜之间土地不再是自己的了，因此会有一些人提出反对意见。从某个方面来说，这个问题能够反映我国土地资源的稀缺性。如果土地变得稀缺，那么土地的价格肯定也要上涨。

我们再谈谈劳动力。人们有理由共享改革开放带来的红利。我国的劳动力成本是在不断上升的，如果劳动力成本下降，那就意味着经济的倒退，但劳动力成本上升会对物价产生直接的影响，它和其他类型的成本有所不同。钢铁价格的上涨可能会先影响某几个部门，然后慢慢传导到物价上；但是劳动力成本的上升涉及全社会的各行各业，因为每一个行业都需要劳动力。

我记得2007年8月的时候，北京的猪肉涨价了，因为有很多猪得了蓝耳病。北大食堂的猪肉当时也涨价了，我们在党政干部会上围绕这个问题讨论了好多回。管理伙食的负责人说食堂都不敢做红烧肉了，因为一卖红烧肉就会亏本，他们想在红烧肉里搁一些土豆。校长不同意采用这种做法，他说即使有亏损的风险也不能用土豆对付。咱们的学生给校领导写信，建议食堂别让猪肉涨价。我们都清楚，涨价肯定对学生不利，但是猪肉供应商给出的价格天天都在上涨，这就很麻烦。后来，学校想到了一个办法，就是猪肉不涨价，白菜和萝卜涨价，相关部门的负责人也和同学们进行了解释。洗白菜、切白菜、炒白菜的人都得吃猪肉，所以猪肉一涨价，劳动力成本就会上涨。我们可以发现，劳动力成本上涨的连带影响太大了，它和其他成本不一样，而且如果我们不处理好劳动力成本的问题，很多其他方面的问题也会不断出现。

我国目前已经处于由成本推进物价的阶段了。2011年，我国的居民消费价格指数比上年上涨了5.4%[①]，我们之前预估的数据为3%～4%。

---

① 国家统计局.中华人民共和国2011年国民经济和社会发展统计公报[EB/OL].（2012-02-22）[2024-03-20]. https://www.stats.gov.cn/sj/tjgb/ndtjgb/qgndtjgb/202302/t20230206_1901955.html.

2009年，我国的GDP增长率为8.7%[①]；2011年，我国实际的GDP增长率为9.3%[②]。如果经济增长速度加快，物价上涨一点是正常的，这也合乎经济发展的逻辑，所以这并不可怕，但是有一点是我们比较担心的。我国的物价上涨在很大程度上与成本的推动有关，这和我国处于中等收入阶段是有关系的。1988年，我国出现了需求拉上型通货膨胀。1994年，我国的居民消费价格指数比上年上涨了24.1%[③]；1995年，我们把涨幅控制到了17.1%[④]；1996年，我们把涨幅控制到了8.3%[⑤]；1997年，我们把涨幅控制到了2.8%[⑥]。1997年，我国的GDP增长率为8.8%[⑦]，所以我们对外宣布我国实现了经济软着陆，实现了高增长、低通胀。由此可见，我们不太担心需求拉上型通货膨胀，因为我们有办法应对

[①] 国家统计局.中华人民共和国2009年国民经济和社会发展统计公报[EB/OL].（2010-02-25）[2024-03-20]. https://www.stats.gov.cn/sj/tjgb/ndtjgb/qgndtjgb/202302/t20230206_1901953.html.

[②] 国家统计局.国家统计局关于2011年国内生产总值（GDP）最终核实数的公告[EB/OL].（2013-01-07）[2024-03-20]. https://www.stats.gov.cn/xw/tjxw/tzgg/202302/t20230202_1893685.html.

[③] 国家统计局.中华人民共和国国家统计局关于1994年国民经济和社会发展的统计公报[EB/OL].（1995-02-28）[2024-03-20]. https://www.stats.gov.cn/sj/tjgb/ndtjgb/qgndtjgb/202302/t20230206_1901938.html.

[④] 国家统计局.中华人民共和国国家统计局关于1995年国民经济和社会发展的统计公报[EB/OL].（1996-03-01）[2024-03-20]. https://www.stats.gov.cn/sj/tjgb/ndtjgb/qgndtjgb/202302/t20230206_1901939.html.

[⑤] 国家统计局.中华人民共和国国家统计局关于1996年国民经济和社会发展的统计公报[EB/OL].（1997-04-04）[2024-03-20]. https://www.stats.gov.cn/sj/tjgb/ndtjgb/qgndtjgb/202302/t20230206_1901940.html.

[⑥] 国家统计局.中华人民共和国国家统计局关于1997年国民经济和社会发展的统计公报[EB/OL].（1998-03-04）[2024-03-20]. https://www.stats.gov.cn/sj/tjgb/ndtjgb/qgndtjgb/202302/t20230206_1901941.html.

[⑦] 同⑥。

它。然而，我们确实没有应对成本推动型通货膨胀的经验，因为解决这一问题要依靠转变发展方式、提高效率、降低成本，这些都不是能在短期内通过转变政策解决的，在宏观上收紧银根也很难解决这一问题。

想要应对需求拉上型通货膨胀，政府可以采取回笼资金、收紧银根、收回贷款等方式；但我们无法通过收紧银根、收回贷款应对成本推动型通货膨胀，这些举措不仅解决不了物价问题，还会导致物价上涨。因为政府一旦紧缩银根、收回贷款，企业融资的利息就会增加，企业的财务费用和成本就会增加，企业所生产出来的产品的价格就会提高。因此，发展方式的转变和效率的提高既是涉及长远发展的问题，也是迫在眉睫的问题。

我国也存在制度创新方面的问题，特别是在市场化改革方面。关于我国技术创新的滞后问题，"李约瑟难题"已有所提及。在农耕时代，聪明勤奋的中国人为人类文明的发展做出了巨大的贡献。为什么工业革命没有在近代的中国出现呢？因为当时的中国缺乏技术创新能力和制度创新能力。

中国人之所以能够在农耕时代创造出那么先进的文明，是因为当时中国的市场竞争因素比较丰富。在农耕时代，人们的主要生产资料是耕地，当时中国实行的是地主土地私有制，皇帝是地主，民间也有地主，而且土地是可以被买卖的。土地可以被买卖就意味着人们要善待土地，要克勤克俭；如果人们不善待土地，不提高效率，不克勤克俭，土地就会被别人兼并，人们就会失去土地。中世纪的欧洲与那时的中国不同，欧洲贵族庄园领主的土地是国王给的，他们可以使用这些土地，但不能买卖土地。对于他们而言，占有土地的数量和时间不取决于经营土地的能力，取决于官职的大小和做官的时间。对欧洲的贵族庄园领主而言，任何人都抢不走这些土地，他们只需要想办法保住自己的官职。他们只要能保住自己的贵族特权，就不担心自己没有土地，这就使他们产生了惰性。因此，在中世纪的欧洲，地主阶级是热衷于消费的阶级，他们整天胡吃海塞。由于生产出来的东西吃不完，在市场上又卖不掉，所以他们就邀请一群门客来帮他们吃。他们一边吃一边聊艺术、聊文化、聊音乐，这就是中世纪欧洲的主要情况。

我们中国不一样，中国的地主阶级是一个剥削的群体。我们可以发现，一些小地主还是比较克勤克俭的。为什么呢？因为如果他们不精耕细作，土地就被别人买走了，或者被兼并了。实际上，中国在比较长的一段时期内并不十分注重农业的劳动生产力，但是比较注重土地的产出率，因为土地资源是比较稀缺的。有竞争就有活力，所以我国的农耕文明发展得很快，这是非常了不起的。但是到了近现代社会，其他国家发展出了市场经济，出现了资本主义竞争，竞争把人的聪明才智"压榨"出来了，所以这些国家的商业革命、产业革命出现得比我国早。从某种程度上看，我国的市场竞争体制没有真正地被培育起来，人们缺少竞争压力，因此人们的技术创新能力也比较欠缺。创新能力涉及技术方面的创新和制度方面的创新，无论是从历史的角度来看，还是从现实的角度来看，创新都有很重要的意义。因此，我们要不断改革和完善社会主义市场经济体制，不断鼓励大家竞争。

2012年是邓小平南方谈话20周年，我们来到了一个新的深化改革的历史时期，此时的我们要面对和过去不同的挑战。改革改变了中国，改革本身也随着中国的发展而变化。改革的核心环节从最初的以企业改革为核心转变为以政府改革为核心。改革的困难从最初的商品市场化（包括投资品和消费品的市场化）转变为要素市场化（包括劳动力要素市场化、土地要素市场化、资本要素市场化）。改革的主要任务从构建市场体系转变为提高市场质量、完善市场秩序。改革的主要目标从提高生产力、改善人们的物质生活逐渐转变为满足人们全方位的社会需要和多方面的精神生活需求。这些改革方面的变化对我国目前的改革提出了新的要求，与此同时，改革的困难也在不断增加。如果制度创新不被人们重视，技术创新也将难以推进；如果我们无法实现技术上的创新，问题就会进一步升级。这就会导致大多数的资源逐渐向少数人集中，从而导致寻租、权钱交易等现象出现得更为频繁。

当我国进入了中等收入阶段，我们就不能不去面对这些非常现实的问题。目前的中国正处于一个机遇与挑战并存的时代。如果我们能把握住当前的发展机遇，再过 15 年左右，我国就有机会成为当代国际标准下的"现代化俱乐部"的成员了。到了 2050 年，我国可能有机会成为世界发达国家中的一员。我们如果想让这些愿望变为现实，就要克服很多困难，其中一个非常重要的任务就是克服中等收入陷阱，只有做到这一点，我们才能抓住这个机遇。

三、克服中等收入陷阱的关键措施

刚刚我们已经比较清晰地了解了中等收入陷阱的形成原因和在中国的表现，我们所要做的其实也已经呼之欲出了。对我国而言，最核心的任务是什么？那就是创新。创新既包括技术创新，也包括制度创新。怎样才能实现创新？想要提高创新能力，就要提高国民素质，就要重视教育。无论是技术创新还是制度创新，都需要国民素质的提高、知识观念的更新、人文素质和民主意识的提升与法治精神的弘扬。也就是说，创新与人力资本密切相关。人力资本投入可被分为两个部分：一部分用于教育，另一部分用于守护人的健康。对中国来说，加大人力资本投入对扩大内需、提高创新能力、转变发展方式都有非常重大的意义。从目前的情况来看，重视国民教育已经成为世界的发展趋势了。德国和日本比较快地逃离了中等收入陷阱，这两个国家之所以能够成功逃离中等收入陷阱，是因为第二次世界大战爆发之前它们的国民素质与发达国家的国民素质差距较小，它们的教育水平和人力资本积累是一般的发展中国家比不了的。战争可以摧毁这两个国家的物质基础，可以炸掉它们所有的工厂，但是战争对它们人力资本的影响比较小。这些国家的国民素质高，人力资本雄厚，技术创新能力和制度创新能力强，法治意识和民主意识强。新加坡、韩国为什么比其他发展中国家更快地逃离了中等收入陷阱？其中的一部分原因也与它们的人力资本投入和人力资本积累有关。我们能够发现，这些国家都重视教育、崇尚教育。重视教育是各国根据人类历史发展规律总结出来的宝贵经验，也是中国当前的现实需要。

想要逃离中等收入陷阱，除了重视教育，我们国家还要重视要素市场的公正性，这是一个很重要的问题。中国的商品市场基本上已经建立起来了，投资品和消费品的市场化也已经实现了，将近90%的商品由市场定价，而不是由政府定价。但是从目前的情况来看，我们国家还存在福利分配不均衡的问题。我们国家有很多进城务工人员，他们离开了农村，来到城里生活，他们所获得的社会保障、社会福利与城市居民相比差距较大。由此可见，进城的农村居民还没有完全实现市民化，在社会福利和社会保障方面，政府要做的工作还有很多，劳动力市场的公正性也需要得到人们的关注。

我们暂且不对土地要素市场化和资本要素市场化进行深入的探讨，因为其涉及的因素相当复杂。实现市场化就必然要进行土地改革，而土地改革是一项艰巨的任务。在中国，资本市场化刚刚起步，要想使其进一步深化并对其进行规范，我们还有很长的路要走。我们要知道，西方国家在资本市场化方面也存在着不少的问题，不少国家曾多次遭遇金融危机。总的来说，实现要素市场化的确是一个巨大的挑战。

在要素市场化的基础上提高市场质量、完善市场秩序是政府要解决的一大难题。市场经济秩序一般包含内在秩序和外在秩序两个方面，而内在秩序又包括主体秩序和交易秩序。主体秩序涉及谁参与竞争，对于主体秩序而言，企业产权制度是关键。企业产权制度应体现排他性，一旦企业出现问题，必须由相应的责任人承担风险。只有产权制度明确，风险、责任和利益对等，企业才能受到市场的硬性约束，并有序地进行市场竞争。交易秩序涉及交易条件的确定。对于交易秩序而言，价格如何制定是关键。如果人们不基于等价交换和公平竞争的原则制定价格，市场上就会出现价格歧视、价格垄断或价格混乱等现象，这将严重影响市场价格秩序的有效性和公正性。

市场经济秩序中的外在秩序包括法治秩序和道德秩序。法治秩序通过法律制度保障市场内在竞争机制，维护公平竞争，确保企业产权不受侵犯，从而使竞争有序而高效。在现阶段，中国在法治秩序方面存在的主要问题并非法律制度供给不足，而是国人法律意识的欠缺，尽管在某些方面，我国确实需要加快立法的速度。法治精神体现了社会对法律制度的尊重。一个国家或民族即便有了法律也未必能实现法治，如果社会不尊重法律，立法者、执法者和权力掌握者不尊重法律，甚至把通过破坏法律获得利益当作乐趣，那么这个社会就处于非常危险的境地了。不良的社会风气使一些人认为违法是获取利益的途径，违法后未被发现是值得庆幸的，被发现后能逃脱法律的制裁是值得骄傲的。这样的社会风气必然使法律颜面扫地。如果连权力掌握者都不遵守法律，整个社会的法治精神将荡然无存。因此，在全社会树立与弘扬法治精神是当务之急。这是一项艰巨的任务，需要人们付出持续的努力。

我们再说说道德秩序。道德秩序是一种涉及人的精神、道德和伦理的规则体系。在市场经济秩序中，道德秩序的核心是诚信。在市场经济中，诚信被视为一种重要的道德品质，它要求人们以诚实、守信、负责的态度从事经济活动。市场经济所倡导的"信"与古人所说的"信"有所不同，古人所说的"信"主要与一个人的人品有关，而市场经济所倡导的"信"则与一个人的责任承担能力和履约能力有关。在市场经济中，银行在决定是否给个人或企业发放贷款时，主要考虑的是借款人的还款能力，而不是借款人的人品或诚实度。一个人如果有能力偿还贷款，即便他看起来并不忠厚老实，也会得到银行的信任；一个人如果没有能力偿还贷款，即使他品行端正、老实敦厚，也很难获得银行的信任。然而，社会在转型过程中很容易陷入道德无政府状态。这是因为如果社会处于变革之中，传统的道德观念可能不再适用于当前的社会，而新的道德观念又尚未完全形成。这就导致一些人在经济活动中不择手段，他们忽视诚信并破坏了市场经济的道德秩序。因此，在社会转型的过程中，重建道德秩序、弘扬诚信精神显得尤为重要。

1988年诺贝尔经济学奖获得者莫里斯·阿莱对传统社会与市场经济社会的道德核心进行了深入的分析。他认为，传统社会的道德核心是忠诚，个人会为了忠诚于某个对象而放弃自己的利益。然而，在市场经济社会，道德核心转变为诚信，即个人以诚实、负责任的态度从事经济活动。随着社会的不断转型，社会可能会陷入道德无政府状态；此时，人与人之间的关系既不基于忠诚，也不基于诚信。一个民族如果在物质世界被摧毁后想要重新崛起，可能只需要一代人的努力；然而，如果一个民族的道德和精神堕落了，社会陷入了道德无政府状态，一个民族想要重新崛起，可能需要几代人的努力。

当前，我国正处于深化改革和转轨的关键时期，道德秩序的建设至关重要。在这个过程中，全社会要崇尚诚信和真善美。如果人们不敢表达对美好事物的热爱和向往，不敢坦诚地面对真相，每个人都像旁观者一样保持沉默，那么问题将变得非常严重。对职业的不虔诚和对法律的不尊重会给社会带来巨大的隐患，因此，我们必须重视道德秩序的建设，以确保社会的健康发展。

对于中国的创新发展而言，制度创新至关重要。目前，要素市场的发育比商品市场的发育更为关键。在要素市场发育的过程中，拓展要素规模和提升要素市场的质量是我们国家的核心任务。我们要重视市场秩序的建立，包括主体秩序、价格秩序、交易秩序、法治秩序和道德秩序。维护好这些秩序对市场的健康发展有着重要的意义。想要跨越中等收入陷阱，我们除了要重视要素市场的发育，还要在人力资本的积累和投入上下功夫。同时，提高市场化质量、深入推进市场化改革也是十分重要的。我们只有在这些方面取得了突破，才能有效地推动中国经济持续健康发展。

2012 年 2 月 23 日

（根据讲座录音整理，已经本人审阅）